Research on the Mechanism of
Improving Tourism Support Attitude of
Rural Community Residents
in the New Era

新时代乡村

社区居民旅游支持态度提升机理研究

周　波　方　微◎著

ZHEJIANG UNIVERSITY PRESS
浙江大学出版社

前　言

　　乡村旅游在推动乡村经济结构转型、扩大乡村居民就业渠道、促进地方经济繁荣发展等方面发挥了重要作用。因此，世界各国纷纷将发展乡村旅游作为提振乡村地区社会经济发展的重要手段，我国更是将乡村旅游作为推进国家乡村振兴战略的重要抓手。乡村旅游产业的持续发展离不开社区居民的支持，如何让居民一如既往地支持旅游发展是乡村旅游业界和学界长期关注的重要课题。以往研究大多依托社会交换理论，基于"成本—收益"比较和"积极—消极"影响评价的逻辑，对社区居民旅游支持态度的驱动机理进行分析。然而，这种研究视角将居民视作理性决策的"经济人"，其假设不同的居民对于旅游发展带来的收益与损耗有相同的认知和理解水平，而且能够做出理性的决策，却忽略了个体认知能力的差异。在产业发展实践中，我国乡村旅游发展欣欣向荣的背后开始呈现出社区居民个体自我提升能力遭遇瓶颈的现实困境，在某种程度上制约了乡村旅游的发展和居民旅游支持态度的提高。因此，需要从有限理性的角度，将社区居民视为具有不同认知能力的个体，探索通过提高社区居民的个体能力进而提升居民旅游支持态度的理论规律与实践路径。

　　"知识转移"是提升社区居民认知能力的重要途径。近年来，一些学者注意到知识转移对提升社区居民旅游支持态度的积极效用。研究发现，知识转移有助于提高居民的认知能力与旅游经营管理水平，并能获得更高的价值回报，还能增强社区解决旅游发展事务的能力，提升社区居民的自豪感和认同感，形成居民对旅游发展的凝聚力，进而改善居民支持旅游发展的态度。社区居民之间的知识转移是一种典型的非正式个体间知识转移的形式，其核心在于人与人之间的信任和社会交往，社会资本成为促进居民之间知识转移的重要动力。尽管对于社会资本、知识转移和社区居民旅游支持态度之间的关系已经有了初步的认识,但已有相关研究较为零散,缺乏系统的理论探讨和经验证据的支持。

基于此,本研究将社会资本理论和知识转移理论相结合,纳入社区居民旅游支持态度的研究,构建了一个"社会资本—知识转移—居民旅游支持态度"的概念模型,并进行实证检验,为社区居民旅游支持态度的形成机理提供另外一个视角的解释。本研究以浙江省湖州市四个乡村旅游聚集地的社区居民为研究对象,采用定量方法为主、定性方法为辅的混合研究设计,通过对社区居民的深度访谈收集资料,同时通过问卷调查搜集量化数据。围绕研究目的,本书基于以下三个方面的内容展开具体研究。

首先,采用定性设计,通过案例研究和对35位居民的深度访谈,检视在乡村旅游情境下社区居民知识转移的类型和表现形式,梳理影响知识转移的因素以及知识转移对居民旅游支持态度的关系,初步探索和构建起"社会资本—知识转移—居民旅游支持态度"的"潜在影响关系"。

其次,采用定量设计,通过608位居民问卷数据的大样本实证研究,检验社会资本、知识转移和居民旅游支持态度之间的理论关系,将案例研究中有待进一步深度论证的"潜在影响关系"凝练为具备理论基础的"现实逻辑理论关系",从而构建起完整的"社会资本—知识转移—居民旅游支持态度"概念模型。

最后,采用比较研究设计,通过研究居民个体差异对社会资本、知识转移和旅游支持态度的不同影响,比较不同居民的性别、年龄、学历等方面的特征对社会资本、知识转移和旅游支持态度关系中的影响的差异。

本研究的主要结论包括以下三点。

(1)乡村旅游地社区居民之间存在知识转移现象,社会资本是影响社区居民旅游支持态度和知识转移的关键因素,而且社会资本主要体现在人际信任、互惠合作、共同愿景三个层面。同时,发现知识转移对社区居民旅游支持态度存在积极影响。在此基础上,初步构建了"社会资本—知识转移—居民旅游支持态度"的潜在关系。

(2)证实了社会资本、知识转移、居民旅游支持态度之间的影响关系。具体而言,基于大样本的实证研究发现,社会资本对社区居民旅游支持态度具有积极影响。同时,社会资本对知识转移、知识转移对居民旅游支持态度均具有较强的正向影响作用。于此,构建起完整的"社会资本—知识转移—居民旅游支持态度"的理论分析框架。

(3)社区居民个体特征对社会资本、知识转移和旅游支持态度的影响差异较为明显。基于个体特征的差异比较研究发现，从性别差异来讲，女性居民比男性居民更加重视社会资本对知识转移和旅游支持态度的影响，而关于知识转移对旅游支持态度的影响上，两者差异不大；从年龄差异来看，在知识转移对旅游支持态度的影响关系中，老年居民显示了最强的效应；青年居民则更加认可人际信任对知识转移和旅游支持态度的影响，中年居民更加认同互惠合作与共同愿景对旅游支持态度的影响。从学历划分的差异来讲，非大学学历居民更加认同知识转移对居民旅游支持态度的积极影响，大学学历居民则更加认同人际信任和互惠合作对知识转移与旅游支持态度的影响。

本书立足于乡村社区情境，将社区居民视为兼具"经济人""社会人"和"知识人"的"三元角色"的个体，构建了"社会资本—知识转移—居民旅游支持态度"的概念模型，为未来社区居民旅游支持态度领域的研究提供了一个新的研究思路。同时，提出居民的认知是影响旅游地生命周期的重要变量，促成了关于旅游地生命周期影响因素的"内因说"与"外因说"两种平行视角的对话，充实了旅游地生命周期理论的内涵。

本书的研究结论对促进乡村旅游产业可持续发展的政策制定和管理实践具有一定的启示：①地方政府和产业管理部门应引导社区居民之间建立"旅游互助小组"，实现旅游产品和旅游服务供应联动化，避免居民资源闲置，强化居民之间的关系，促进居民间的社交互动；②地方政府应联合社区引导居民建立"社区学习社团"，形成社区居民之间知识转移活动"组织化"和"常态化"的模式，以知识促提升，提升居民支持旅游发展的态度，推动乡村旅游发展内涵式发展；③旅游管理部门应主动承担起"知识中介"的作用，不仅要在乡村社区内架起不同居民和不同知识源转移的"桥梁"，未来还应在整个旅游领域鼓励跨行业、跨专业、跨部门的知识转移，提高整体旅游业发展的知识水平；④地方政府和产业管理部门应该积极培育社区社会资本，充分发挥社会资本在促进知识转移方面的积极效应，培养乡村精英，激发和凝聚乡村旅游发展的合力。整体而言，本书的研究结论为破解乡村旅游发展过程中"居民知识存量低""乡村旅游发展质量低""居民旅游经营重单干、轻合作"等障碍性问题，为促进乡村旅游健康持续发展提供了创新路径。

周　波

2021 年 12 月

目　录

第1章　绪　论

1.1　选题背景与问题提出

1.1.1　选题背景

自 20 世纪 80 年代初"农家乐"兴起，中国的乡村旅游已经走过 40 多年的发展历程。乡村旅游的发展极大地带动了乡村产业的转型发展，优化了乡村经济结构，提升了农业生产附加值，拓宽了农民就业渠道，提高了农民收入水平。尤其是进入 21 世纪后，中国乡村旅游步入了发展的快车道。2016 年，乡村旅游每年接待游客超过 21 亿人次，全年乡村旅游收入超过 5700 亿元，旅游从业人员达到 845 万人，在全国范围内带动约 672 万户农民受益。回顾国外乡村旅游发展的历史，在乡村旅游发展最早的欧洲，从一开始就赋予了乡村旅游拯救乡村危机、振兴乡村经济的崇高使命。之后，各级政府和相关组织一直强调和推崇乡村旅游在促进乡村经济多元化、扩大乡村就业、促进地方社会经济综合发展、振兴乡村等方面的积极作用。国内乡村旅游发展取得的成就也证实了乡村旅游发展的现实价值。一直以来，发展乡村旅游已经成为我国乡村地区推进精准扶贫、促进经济转型的重要抓手，展现出了良好的效果：乡村旅游的发展改变了乡村地区传统的农耕生产生活方式，为乡村农业发展插上了旅游的翅膀，实现了传统农业的单一化发展向农旅复合型发展模式的转型与升级；因为乡村旅游得到发展，乡村居住生活环境得到了改善，乡村社区居民也搭上了旅游发展的快车，生活水平和质量实现了翻天覆地的变化。

2017 年 10 月，党的十九大提出实施乡村振兴战略。该战略强调，推进乡村振兴需要遵循"农业是本体、农村是载体、农民是主体"的原则，尤其要保障农民的主体地位，发挥农民的主体作用。乡村旅游产业是各地政府推进乡村振兴战略的重要抓手。乡村社区居民是乡村振兴的主体，乡村社区居民必须从乡村振兴中受益，才能激发他们对乡村旅游的支持。以旅游作为乡村振兴的突破点，不仅要使乡村社区居民"口袋富"，更要"脑袋富"，而其中的关键之处在于获得乡村社区居民对旅游的支持。在上述现实背景下，系统梳理和探究影响乡村社区居民对乡村旅游支持态度的关键因素和内在理论机制就显得非常有必要了。

1.1.2　问题提出

乡村旅游发展的过程，也是乡村社区居民参与旅游、全面融入旅游发展的过程。乡村旅游的发展依托于乡村社区，尤其是乡村社区居民的参与和支持。具体而言，社区居民对旅游的支持态度，决定着乡村旅游发展的深度与厚度；社区居民自觉和自愿地参与乡村旅游活动，发表对旅游发展的看法和建议，影响社区的乡村旅游发展决策，为乡村社区的共同利益，施展自己的才能和贡献自身的力量，并分担乡村旅游发展的责任，共享发展成果，有助于社区居民形成支持乡村旅游发展的向心力。已有研究指出，在旅游业发达的乡村社区，社区居民往往对旅游发展持积极态度；相反，在旅游业不发达的乡村社区，社区居民则对旅游发展持消极态度，也容易产生抵触情绪。这也印证了乡村旅游发展的生命力很大程度上取决于本地社区居民对旅游业的支持态度。因此，评估社区居民对旅游发展的态度是任何一个乡村实施旅游发展战略的必要先导。正如 Simpson 和 Bretherton 所总结的，如果旅游发展无法得到足够的社区居民支持，旅游将遇到严重的发展瓶颈，也会衍生出更多制约未来乡村旅游继续前行的因素。

回顾以往关于社区居民旅游支持态度研究，可以发现，过往研究大多依托社会交换理论（social exchange theory，SET），基于"成本—收益"的逻辑主线，从社区居民对旅游发展的"经济—社会—文化—环境"影响感知的视角，对社区居民旅游支持态度的形成机理进行了解构。然而，部分学者就社会交换理论对社区居民旅游支持态度的解释力提出了质疑。例如，McGehee 和 Andereck 批判了社会交换理论隐含的两个过于简单且不合理的假设：一是假定居民总是基于获利来做出决策；二是假定居民往往是在某一时间上做出了正确的选择，但稍后就会觉察到某些选择是错误的且不利于自己的。与之类似，Fedline 和 Faulkner 也指出社会交换理论"收益—成本"评估的逻辑预设，乃是建立在"理性经济人"假设的基础之上。这些假设存在一系列的问题。第一，在现实的决策中，人们不一定能够像一个信息处理器一样进行机械思考，其认知能力往往取决于已存在的知识。第二，普通社区居民不同于研究者和科学家，其对成本与利益的认知往往不是系统的、深入的。社区居民对现实世界的认知显然是有限的，他们对旅游发展的感知和评价无法基于理性来进行完整解释。第三，即使在同一个社区里，他们也不是一个单一的群体。因此，我们必须承认社区内部居民认知能力的多样性。Carter 和 Beeton 也质疑社会交换理论在特定情况下是否都可以满足所有假设。总的来说，社会交换理论并非总是与人们在现实生活中的思考保持一致。

Butler 的生命周期演化观点认为，一个旅游目的地往往都会经历探查、参与、发展、巩固、停滞和衰落六个发展阶段。相应地，"居民对旅游支持态度降低"这个现象会随着旅游发展阶段变化而逐渐降低。Long 等也研究发现，社区居民对旅游发展的支持态度在不同的旅游发展阶段会呈现出明显的变化。随着旅游阶段的不断演化以及外部环境的变化，当地居民对旅游的认知和支持态度开始下降。在此情境下，尤其应引起重视的是乡村社区居民个体能力提升遭遇瓶颈的现实困境。在乡村旅游发展中，旅游经营主体的个体能力提升问题一直以来也是学界关注的研究议题。个体能力提升和建设目的是发展技能与能力，提高个体的知识水平和综合能力，能够为自己做出决定和行动提供无形的价值。个体能力的提升又能为社区能力的建设提供帮助，增加一个社区能够利用的资产和属性，有助于改善他们的生活。同时，还能增强社区团体对成员重要性的关注、评估、分析和行动的能力。

知识转移是促进个体能力提升的一种重要途径，也是乡村社区居民能力提升的有效方式。Drucker 认为，知识是当今唯一有意义的资源，关键在于"知识是资源本身"。Davis 等指出，社区居民对知识的掌握和了解程度会影响其对待旅游发展的态度，知识转移为社区居民积累知识、提高个人能力创造了很好的渠道。社区居民代表着不同的知识来源，他们共同的兴趣就是吸引游客，将乡村社区打造成备受游客认可的旅游目的地。从这个层面上讲，社区居民之间愿意主动转移和分享知识。社区居民之间的知识转移一方面能提高社区居民的专业能力和创新能力，并能内化为居民自身的素养，提高社区居民乡村旅游经营和管理能力，获得更高的价值回报，由此促进社区居民形成支持旅游发展的态度。另一方面，知识转移还能通过提升社区居民的自豪感和文化认同来促进社区居民支持旅游发展。社区居民之间的知识转移，提高了居民对乡村旅游发展中保护和传承传统文化价值意义的认识，愿意主动提供保护建议和实施保护行为，提升了乡村文化的旅游价值，激发社区居民形成支持旅游发展的积极态度。此外，社区居民之间的知识转移还有助于增强社区解决旅游发展事务的能力，共同应对旅游发展的问题，提高社区居民对旅游发展的凝聚力，形成居民对乡村旅游发展的共同使命感，使得社区居民从中增加旅游价值的获得感，从而提高居民对旅游发展的支持态度，最终推动乡村旅游可持续发展。

需要指出的是，在中国传统的乡土社会里，乡村社区是人际互动频繁的社会空间，隐含着"关系亲密、守望相助和富有人情味"的基本内涵。同时，乡村社区也是一个由共有规范、价值观和愿景指引的人际关系和睦的场所。因此，社区居民之间知识转移的核心在于人与人之间的信任与社会交往。社会资本理论为此提供了一个很好的视角，正如 Portes 所说，嵌入在社会关系中的人与人之间的信任、规范、互惠合作、共同愿景等会影响个体的态度与行为，进而给个人和集体带来利益。以往诸多研究探讨了社会资本对社区居民旅游支持态度的影响关系，证实了社会资本能显著提高社区居民旅游支持态度。同时，社会资本作为个体之间知识转移的积极影响因素也得到了诸多研究的证实。另外，关于知识转移对社区居民旅游支持态度的影响也得到相关研究的验证。

回顾以往研究，尽管对于社会资本、知识转移和居民旅游支持态度之间的关系已经有了初步的认识，但这些研究大多为零散的理论性和思辨性的探讨，尚未形成系统的理论体系，也缺乏实证材料的支持。本研究将社区居民视为具有不同认知能力的个体，将社会资本理论和知识转移理论结合，纳入居民旅游支持态度研究，目的在于构建和验证"社会资本—知识转移—居民旅游支持态度"之间的关系，为社区居民旅游支持态度的形成机理提供另外一个视角的解释。

基于上述分析，本书的研究问题主要聚焦于以下三个方面。

第一，在乡村旅游情境下，社区居民之间是否存在知识转移的现象？知识转移具体表现为什么样的形式？

第二，哪些因素在社区居民知识转移的过程中扮演着关键性作用？

第三，社区居民之间的知识转移对居民旅游支持态度存在着什么样的影响？这一影响的内在机理是什么？

1.2 研究意义

本研究立足于乡村旅游情境，探究社会资本、知识转移与居民旅游支持态度之间的内在理论关系，在理论和实践方面均具有一定的意义。

1.2.1 理论意义

本研究的理论意义主要体现在以下几方面。

第一，将知识转移引入乡村旅游研究，为知识转移理论丰富了应用情境。知识转移作为企业组织与战略管理领域的重要理论，在旅游领域的应用较少，仅有的少数研究更多地聚焦于酒店和旅游景区管理，而应用这一理论对旅游目的地，尤其是包含诸多个体和家庭的乡村社区的研究尚鲜有涉及。本书将知识转移理论应用到乡村旅游情境中，探究知识转移对社区居民旅游支持态度的影响，是知识转移理论在乡村旅游情境下的有益尝试，拓展了知识转移理论的应用范围。

第二，通过引入新变量，为突破居民旅游支持态度研究的传统范式，开拓了一种研究思路。社区居民积极参与和支持本地乡村旅游发展的背后并非简单的经济利益考量，知识的获取和个体能力的提升是社区居民共同促进和支持乡村旅游可持续发展的新力量。本研究突破以往将社区居民旅游影响感知作为研究居民旅游支持态度主要因素的研究范式，将知识转移纳入研究范畴，探索通过提高社区居民的个体能力进而提升居民旅游支持态度的理论规律与实践路径，为居民旅游支持态度的研究提供一个新的研究思路，也提高了乡村旅游研究的理论基点。

第三，为理解社会资本理论在乡村旅游情境中居民的角色和价值丰富了理论内涵。以往关于乡村社区居民旅游支持态度的研究中，普遍强调社区居民"理性经济人"的角色，而忽略了其作为"社会人"的重要属性。本研究引入社会资本理论，将社区居民视为嵌在社区关系网络中的"社会人"来看待，以人际信任、互惠合作等加强社区居民之间的社会交往和情感纽带，以组织和引导构建共同愿景，促成社区居民集体行动，形成旅游发展的合力，从而能够更深刻地理解社区居民在旅游发展中的社会内涵和价值，也为社会资本理论在乡村旅游和居民旅游支持态度的研究领域拓宽了内涵。

第四，通过构建"社会资本—知识转移—居民旅游支持态度"的概念模型，为研究居民支持旅游态度提供了一个新的研究思路。在时代不断进步的浪潮中，作为乡村旅游发展的主体，社区居民拥有与同一社区内的居民深化社会交往并从中获得知识补充和技能提高的愿望。然而，以往乡村旅游研究很少关注社会资本、知识转移对社区居民旅游支持态度的影响。本书通过构建"社会资本—知识转移—居民旅游支持态度"的概念模型，为丰富社区居民支持旅游态度的影响机制提供了一个新的研究思路。

1.2.2 现实意义

本研究的现实意义主要有以下几点。

第一，将提高居民旅游支持态度作为促进乡村旅游发展、推进乡村振兴的有利抓手。长期以来，社区居民参与旅游发展是旅游学界和业界共同关注的热点。社区居民对旅游业的支持态度是决定当地旅游业可持续发展的关键因素，会直接影响到社区旅游资源的开发、旅游形象的传播、社区传统文化的保护与传承以及游客旅游体验的质量等。尤其是在乡村振兴的大背景、全域旅游发展的大环境下，乡村社区已经成为都市游客寻找乡愁和体验乡土气息的重要旅游目的地。一方面，乡村社区居民的日常生产和生活方式是游客眼中的旅游客体；另一方面，社区居民既是乡村社区的主人，又是乡村旅游发展的经营主体。外来游客与当地居民的互融、乡村社区旅游资源的开发与公共服务设施的使用、乡村社区整体旅游的发展与社区居民的个人利益、社区居民与居民互相之间的个人利益冲突等关系，都将影响社区居民对旅游的支持态度。因此，乡村旅游发展要取得成功并走上可持续发展的道路，必须高度重视和大力提高社区居民对乡村旅游的支持态度。

第二，培育乡村社区的社会资本是社区居民之间建立和谐关系、促进社区居民形成支持旅游发展合力的重要手段。一直以来，当地居民之间出现的恶性竞争、互相挤对、利益冲突等问题是乡村旅游发展中的普遍现象，这些现象严重恶化了当地居民的人际关系，影响了当地乡村旅游的整体形象，阻碍了乡村旅游的可持续发展，从而也降低了社区居民对乡村旅游发展的信心和旅游支持态度。这些不容忽视的现象背后往往源于社区居民之间无法建立良好的信任关系、无法达成互惠合作的友好关系以及没有达成共享共赢的发展共识。引导和培育乡村社区的社会资本，增加社区居民的社会资本存量，通过引导和鼓励社区居民进行广泛的社会交往，促进社区居民的社会关系日益和谐，特别是彼此之间建立信任、合作的良好关系，引导社区居民为乡村旅游发展的愿景共同努力，形成支持乡村旅游发展的向心力。

第三，社区居民之间的知识转移对乡村旅游可持续发展具有积极的资产效应。旅游创新发展的前提是知识共享，知识只有通过不断的转移才能实现知识共享。旅游发展中出现的壁垒多、约束多等问题，源于缺乏信任、合作以及较弱的学习环境，并导致知识转移和旅游创新的不足。有效的信息和知识在利益相关者之间通过目的地网络进行转移、交换和共享，对旅游目的地构建竞争优势具有重要作用。在社区层面，一种新的观点认为："实现知识共享"就是"创造社区知识"。知识是结构化的经验、价值和情景信息的混合，是人类对实践经验和客观世界的认知总结，也是创造世界未来的强大工具。在乡村旅游发展中，社区居民之间的知识转移和共享有助于居民互相学习与积累最佳的旅游实践经验及管理方法，还能促进居民创新旅游产品和提高旅游服务品质。换句话说，知识将成为乡村旅游创新发展的一种新力量，也是改善居民旅游支持态度的新动力，更是促进乡村社区健康持续发展的新资产。

1.3　研究目的与研究内容

紧紧围绕上述研究问题，本研究的主要目的在于获得乡村旅游情境下，对社会资本、知识转移和居民旅游支持态度之间关系的全面理解，包括具体的影响机制、影响差异与结果等。为此，本书主要设计了以下研究内容。

（1）案例研究：乡村社区居民旅游支持态度

通过案例研究，基于对当地社区居民的访谈，梳理出影响社区居民知识转移的三大因素：人际信任、互惠合作和共同愿景。这三大因素也构成了社会资本的主要要素，并会对居民旅游支持态度产生影响。此外，分析了知识转移与居民旅游支持态度之间的潜在影响关系，从而初步构建起"社会资本—知识转移—居民旅游支持态度"的概念关系，为后续的大样本实证研究提供关键构念和构建逻辑基础。

（2）社会资本、知识转移与居民旅游支持态度关系的实证研究

基于案例研究构建的"社会资本—知识转移—居民旅游支持态度"的概念关系，通过大样本数据进行实证研究，论证社会资本、知识转移和居民旅游支持态度的影响关系，将案例研究中得出的"潜在影响关系"进一步凝练为具备理论基础的"现实逻辑理论关系"，从而较为完整地揭示了社会资本、知识转移和居民旅游支持态度的内在影响机理。

（3）社区居民个体特征在社会资本、知识转移和旅游支持态度影响关系中的比较研究

基于大样本的混合实证研究，并未检视社区居民个体特征差异在其中的影响关系程度。本书研究的知识转移的主体是社区居民，比较和检视社区居民的性别、年龄、受教育背景等个体特征在"社会资本—知识转移—居民旅游支持态度"概念模型中的差异效应，深入思考社区居民在社会资本、知识转移和旅游支持态度关系中的表现，能更加凸显乡村旅游发展中社区居民的利益主体作用，并为乡村旅游发展的管理对策和建议提供扎实的现实依据。最后，根据研究结论，探讨了培育居民社会资本、促进知识转移和提高居民旅游支持态度等相关管理建议。

1.4 研究对象与样本地

1.4.1 研究对象

基于研究案例地乡村旅游发展的现状和态势，本书的研究对象是四个案例地的社区居民。社区居民是当地乡村旅游的涉业人员，主要以从事农家乐和民宿经营为主。乡村社区内，有些家庭全员参与旅游，有些家庭部分成员参与旅游。因此，这些社区居民既是乡村旅游的经营者，同时又是乡村社区的居住者。我国乡村旅游发展的一大特色就是，在传统乡土社会中，乡村社区居民扮演着从业者与居住者的双重角色，这也决定了社区居民在乡村旅游经营中的双重性——居民既是乡村社区的主人，关注乡村旅游的发展对当地乡村社区以及社区居民生活所带来的各种影响；同时，社区居民也是乡村旅游的从业者和经营者，他们渴望成为乡村旅游发展的直接受益者，以此改善支持乡村旅游发展的态度。

1.4.2 样本地

本研究选取的样本地主要是浙江省湖州市的长兴县顾渚村、安吉县大溪村以及德清县后坞村、碧坞村四个乡村社区。这四个乡村社区在地理位置上处于湖州市南部、西部和北部，属于环莫干山分布，自然生态环境良好，为发展乡村旅游创造了天然条件。湖州市享有"中国乡村旅游第一市"的美誉，习近平在湖州安吉提出"绿水青山就是金山银山"的重要论断，为湖州乡村旅游奠定了发展理念，指引了湖州乡村旅游发展的大方向。这四个乡村社区旅游开发程度较高，社区居民思想比较开放、与时俱进，坚持积极学习和互相学习并重，充分发挥集体智慧，使得旅游业成为当地社区居民解决就业渠道、提高居民收入的主导产业，走出了一条极具示范性的乡村脱贫致富道路。"湖州模式"已在全国形成了品牌效应，在乡村旅游和全域旅游发展方面，在全国范围内具有一定的代表性和引领性，这也是本研究选取该区域作为实证研究案例地的重要原因。

其中，四个案例地的具体情况如下。

（1）顾渚村位于湖州市长兴县水口乡，三面环山，区域面积18.8平方公里。目前有2万多亩（1亩≈666.7平方米）的生态公益林和17000多亩的竹林，森林覆盖率达80%以上，形成一个天然的"氧吧"。从2002年开始，顾渚村开始逐步兴起开办农家乐的浪潮，并呈逐年递增的态势。根据村党总支书记祁书记提供的数据（截止到

2017年6月）：顾渚村全村961户居民，现有农家乐经营户488家，能为游客提供床位17000余张。当地农家乐的发展为社区居民提供的就业人数超过1000人，其是湖州最大的农家乐聚集区。在长兴县，一直有这样一种说法："长兴农家乐看水口，水口农家乐看顾渚。"顾渚村是典型的"景区＋农家乐"的乡村旅游发展模式。顾渚村发展农家乐，促进了当地居民收入增加、产业结构转型、生态环境得到保护。

（2）大溪村位于天荒坪镇最南端，与临安接壤，区域面积31.4平方公里，人口2087人，拥有山林面积30099亩，森林覆盖率达92%。生态环境优美，山川秀丽，民风淳朴。大溪村作为浙江省农家乐发源地，安吉县首批乡村旅游示范村以及安吉县生态旅游发展最早、规模最大的集散地，经过多年的乡村旅游发展，逐步摆脱了靠山吃山的老路子，走上了产业转型、模式转变、效益递增的乡村经济发展的新路子。

（3）后坞村，地处德清县筏头乡西北面，东与庙前村相邻，南与佛堂村交界，西靠大造坞村和瑶坞村，北面为莫干山镇。区域面积10.02平方公里，共有413户1606人，其中劳动力1108名。先后获得"省级旅游特色村""市级农家乐特色村"等荣誉称号。

（4）碧坞村地处莫干山北麓，归属莫干山镇，目前是湖州市"市级农家乐特色村"。村内碧坞龙潭景区是当地的主要风景区，碧坞村的农家乐和民宿也依托碧坞龙潭景区的知名度得以快速发展，属于典型的"农家乐＋景区"的发展模式。碧坞村的区域面积约2.74平方公里，有896人。

这四个乡村社区在乡村旅游发展中基于自身条件，充分调动乡村社区居民的积极性，基本开创了"全民参与乡村旅游"的发展局面，旅游从业人员不断增加、经营业态不断丰富、农家乐数量不断增多（见表1.1），具体呈现出以下特点。

第一，这四个乡村社区的乡村旅游发展经历了"从无到有""从有到优"的历程，社区居民积极参与乡村旅游发展，社区旅游参与度高，旅游成为乡村社区的主导产业。

第二，社区居民学习热情很高，积极学习、与时俱进，愿意发挥集体智慧来促进乡村旅游发展。

第三，社区居民对社区的感情比较深，居民愿意扎根社区，居民之间基于祖祖辈辈生活的感情，彼此之间很熟悉。随着乡村旅游的发展，社区居民之间能达成共同推动和支持乡村旅游发展的共识，关系和睦，信任度较高。

第四，社区领导班子团结有力，积极办事，带领全民共同参与旅游，能形成乡村旅游发展的合力。

上述四个乡村社区旅游发展的历程和成就，以及乡村村风和谐、居民关系和睦等现状，是成为本书研究案例地的重要原因。

表1.1　案例地基础信息概况

项目	顾渚村	大溪村	后坞村	碧坞村
区域面积/平方公里	18.8	31.4	10.02	2.74
人口数量/人	2567	2087	1606	896
农家乐数量/家	488	282	186	132

注：数据来源为各乡村社区委员会（2017年6月）。

1.5　研究方法与技术路线

1.5.1　研究方法

（1）问卷调查法

问卷调查法是调查者根据选定对象，针对性发放问卷，指导被调查者填写问卷或者由被调查者根据问卷设计的题项内容，根据个人认知或者结合个人经验等进行自主客观地填写，以此获得一手调查数据的研究方法。问卷调查的特点是快速、有效、廉价。本研究在文献回顾的基础上，科学设计问卷题项，形成初步的研究量表，并通过对乡村社区居民小样本的预测试和访谈，调整问卷题项数量和措辞，最终形成信度和效度可靠的成熟量表。

本研究采用问卷调查法，主要对四个案例地的社区居民开展问卷调查，获得翔实的样本数据。调查对象主要经营农家乐或者民宿等，在问卷调查中，先向社区居民阐述了本次问卷调查的目的和意义，然后向社区居民解释问卷各部分的调查内容，在保证每位社区居民充分理解问卷题项意思的基础上，请居民客观地填写问卷。问卷调查分两次，分别于不同时间进行调查，总共调查了900位社区居民，并针对收集的问卷，统计有效问卷，剔除无效问卷，最终形成608份有效的样本数据。具体的调查问卷内容详见附录2。

（2）访谈法

访谈法是社会学研究领域的一种重要的质性研究方法，通过与被调查者面对面深层次、多角度、全方位地交谈，了解被调查者对某一现象或者问题的看法或观点，以此揭示现象或者问题背后的深层次原因。本研究主要通过对案例地的乡村社区居民进行深度访谈，试图探究社区居民之间是否存在知识转移现象，影响社区居民之间知识转移的因素有哪些，以及知识转移对居民旅游支持态度的影响等。社区居民的访谈将构成案例研究的重要基础内容，也能成为研究的全新立意点。

本研究总共访谈了 35 个社区的居民，涵盖 4 个案例地的居民。在访谈中，笔者首先对社区居民阐明了本次访谈的目的和意义，然后向社区居民介绍了几个关键概念，比如"知识转移""社会资本""居民旅游支持态度"等。访谈的内容主要围绕社区居民关于"知识和知识转移的看法""社会资本影响知识转移的看法"以及"知识转移对居民旅游支持态度影响的看法"三大块核心内容。比如关于知识转移的访谈，笔者请社区居民谈谈在平时旅游经营过程中，是否会跟邻居分享一些经验或者知识以及如何分享。再比如，关于社会资本的问题，主要围绕人际信任、互惠合作和共同愿景三个核心概念进行生活化的解读，然后请社区居民谈看法。而关于知识转移对居民旅游支持态度影响的看法，主要围绕社区居民在知识转移活动中的收获，特别是对自身知识和能力的提高以及旅游经营效果的影响等方面进行访谈。访谈的方式以引导式提问、自由式回答为主，每个访谈对象持续时间从 30 分钟到 1 个小时不等，并在征得受访者同意的前提下，对访谈内容进行了录音。此外，访谈结束之后，笔者对现场访谈笔记内容和录音文件进行整理与誊写。具体的访谈提纲内容见附录 1。

（3）案例研究法

案例研究法是包含了特定的设计逻辑、特定的数据搜集以及特定的数据分析方法的研究方法。主要通过以具有典型意义的案例地作为研究案例，通过调研访谈、问卷调研或者实验设计等手段，探讨某一现象在现实中的现状和表现形式，从案例研究中剥离出研究的关键构念，建构起理论关系。案例研究因在构建理论方面体现出其独有的优势而被学界广泛采用，为未来指导一般性的研究对象提供借鉴。

本研究采用案例研究法。首先，选择在乡村旅游发展方面较有代表性的案例地，阐释和回顾了研究案例地乡村旅游发展的演变过程，包括对案例地的旅游发展历史概况、发展阶段的演化、农家乐的数量等二手资料进行了收集和解读，作为案例研究的重要基础资料。其次，通过对访谈数据的分析，初步发现了社区居民之间存在知识转移的现象，并发现知识转移在促进案例地旅游规范化发展、专业化发展中的积极效应。同时，研究发现了影响社区居民之间知识转移的主要因素是社会资本，具体表现为人际信任、互惠合作与共同愿景。此外，通过进一步分析访谈数据，发现了知识转移对居民旅游支持态度的积极影响效应。通过案例研究，本研究提出相应的命题，并初步构建了"社会资本—知识转移—居民旅游支持态度"之间的潜在影响关系，为开展大样本实证研究提供了关键构念和概念关系。

1.5.2　章节安排

全书其7章，各章的主要内容概述如下。

第1章，绪论。本章的主要内容包括选题背景，回顾国内外乡村旅游发展背景，提出研究问题，论述本书的研究意义。之后阐明本书的研究目的和内容，然后界定了本书的研究对象和样本地。在此基础上，提炼出本书研究的基本框架，包括研究方法、技术路线和章节安排，最后点出本书的创新之处。

第2章，文献综述。本章的主要内容包括以下几个方面。首先，回顾了社区居民的概念以及社区居民旅游支持态度的内涵与测量，梳理了居民旅游支持态度的影响因素。其次，重点介绍了本研究赖以开展的主要理论基础，包括知识转移理论、旅游地生命周期理论、社会资本理论等。再次，回顾并阐述了本书研究的主要变量社会资本、知识转移和居民旅游支持态度之间的关系。最后，通过对已有研究进行综合评述，指出当前研究存在的不足之处，重点指明本书研究的立足点以及未来的研究方向。

第3章，案例研究：乡村社区居民旅游支持态度。本章主要通过案例研究，依托旅游地生命周期理论和知识转移理论，结合现场居民的深度访谈，梳理了案例地旅游发展阶段情况，识别了乡村社区居民之间存在知识转移的现象，总结出影响知识转移的三个主要因素。这三大因素分别是人际信任、互惠合作和共同愿景。这三大因素恰恰构成了社会资本的三大元素。同时，访谈发现社区居民之间的知识转移对居民旅游支持态度存在潜在的积极影响。在此基础上，初步构建了社会资本、知识转移与居民旅游支持态度之间的潜在影响关系。

第4章，研究假设的推演与概念模型的构建。本章是以第3章案例研究的主要发现为基础，构建了"社会资本—知识转移—居民旅游支持态度"的概念模型，基于理论和假设层层推演，论证彼此之间的逻辑关系，使第3章案例研究中发现的"潜在影响关系"上升为"理论逻辑关系"，从而构建本书的研究假设模型。

第5章，研究设计与样本分析。本章的内容主要为了更好地验证第4章提出的概念模型，科学地设计问卷和量表，并对案例地社区居民进行现场问卷调查，广泛收集大样本的调研数据。之后，对这些数据进行描述性统计分析、正态性分布检验、共同方法偏差检验、信度和效度检验等分析，以确保样本的质量和量表的稳定性。

第6章，数据分析与模型检验。本章的主要内容是在第4章提出的概念模型和

第5章样本分析的基础上，检验基于理论提出的研究假设，验证概念模型的有效性与合理性，得出基于概念模型的假设结果，并对假设检验结果进行了讨论。

第7章，结论、建议与展望。本章的主要结论是基于上述研究结果，总结本书研究的相关结论、理论贡献，并为管理部门提供相关对策和建议。最后指出本书研究的局限和未来的研究方向。

1.5.3 技术路线

本书的技术路线如图1.1所示。

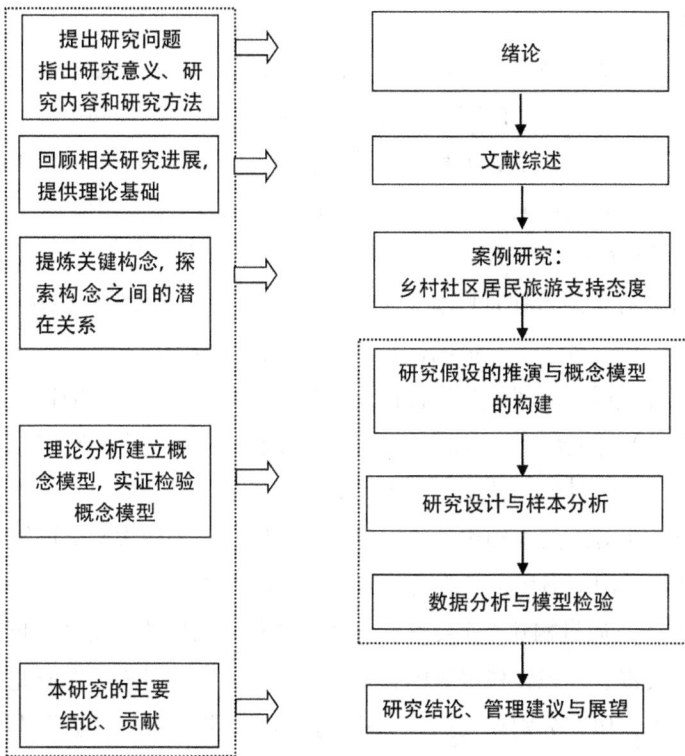

图 1.1 研究的技术路线

1.6 本研究的创新之处

本研究的创新之处主要包括以下几个方面。

首先，本研究引入知识转移这个变量，从通过知识转移提高社区居民个体能力的角度研究居民旅游支持态度，在研究视角上具有一定的创新。以往关于居民旅游支持态度的研究往往遵循"成本—收益"比较、"积极—消极"影响感知比较的逻辑主线，对居民旅游支持态度的形成机理进行解构。这种研究视角往往过度强调社区居民对自身利益的追求，尤其是聚焦经济利益的获取而忽视了对社区居民个体其他方面的关注。本研究突破以往这种将社区居民旅游影响感知视为居民旅游支持态度主要因素的主流研究视角，将知识转移纳入研究范畴，研究知识转移对居民旅游支持态度的积极作用。这种视角充分考虑了社区居民个体自我能力提升以及从旅游发展中实现和增加个人价值等实际需求，能更加全面地解释现实情境下社区居民在乡村旅游发展中的个人价值追求，为居民旅游支持态度的研究提供了一个新的视角，在研究视角上有一定的创新。

其次，本研究关注乡村社区情境下，社区居民知识转移现象以及知识转移对居民旅游支持态度的影响，在研究情境上具有一定的创新。以往知识转移理论在旅游研究中的应用更多地聚焦于酒店和旅游景区这两大情境，研究酒店员工之间的知识转移对酒店服务创新的影响、知识转移对旅游景区服务质量的影响等。酒店和旅游景区这两大情境往往更加体现职业化、专业化的知识转移，具有一定的领域专有性，并不一定能被所有普通群体理解和接受，在某种程度上会导致知识转移的局限性。而本研究着眼于乡村社区这一情境，尤其是包含普通居民与家庭的乡村社区。在这种情境下研究社区居民之间的知识转移，充分考虑普通社区居民的接受能力，以及居民对知识需求的普遍性，使得知识转移过程也往往更加贴近日常的旅游经营需求，也就是更接地气。这种研究情境有助于更好地理解乡村普通居民对知识转移的评价和认知，有助于更好地解释知识转移的价值和功能，这将极大地促进知识转移理论应用情境的拓展，即本书在研究情境上实现了一定的创新。

再次，本研究通过构建"社会资本—知识转移—居民旅游支持态度"的概念模型，研究社会资本、知识转移对居民旅游支持态度的影响机理，在研究内容上具有一定的创新。以往研究分别相互探讨了社会资本与知识转移、社会资本与居民旅游支持态度、知识转移与居民旅游支持态度之间的关系，但是这些研究较为零散且相互独立，缺乏内容上的联结与贯通，尚未形成完整的内容解释链条。本书通过构建"社会资本—知识转移—居民旅游支持态度"之间的概念模型，并通过实证研究证实了它们之间的逻辑关系，将原本相对独立的关系有效地整合起来，形成了较为完整的内容解释机制，在内容上实现了一定的突破和创新。

最后，本研究采用定量方法为主、定性方法为辅的混合研究设计，在社区层面的研究设计上具有一定的创新。在社区层面，以往关于居民旅游支持态度的研究往往以定性探讨或者定量实证为主，形成了一定的成果，而采用深入的案例研究和定量实证的混合研究设计依然较少。相对而言，只采用定性探讨或者独立的定量研究，往往会忽略研究构念的源起或者割裂从现实情境中得出研究构念之间的关系，以及忽视基于独立的定量研究验证构念之间逻辑关系的完整性和延续性。本研究以浙江省湖州市四个乡村旅游聚集地为案例地，以社区居民为研究对象，采用定量实证方法为主、定性案例方法为辅的混合研究设计，通过案例研究得出主要构念以及构念之间的潜在关系，并通过定量实证研究方法验证案例研究中得出的构念之间的逻辑关系，能更科学、更全面地解释居民旅游支持态度的影响机制，从而在社区层面的研究设计中实现了一定的创新。

第 2 章　文献综述

文献回顾是开展研究的基础性工作，系统的文献回顾有助于厘清当前相关研究进展，发现当前存在的研究缺口，找准研究的切入点，为本书的研究提供理论依据，指明研究方向。本书较为全面地回顾与梳理了居民旅游支持态度的概念与内涵、旅游支持态度的测量方式、影响居民旅游支持态度的关键因素、知识转移以及知识转移与旅游的相关研究进展、社会资本理论以及社会资本与知识转移和居民旅游支持态度的关系，为后续的研究打下坚实的理论基础。

2.1　居民旅游支持态度

在过去的几十年中，社区居民对旅游发展的态度研究得到了广泛的关注，也刮起了关于这一主题研究的风潮。诸多研究聚焦于社区居民对旅游发展影响的感知和评价，从而决定他们对旅游业形成积极或者消极的支持态度。以往大量研究也充分证实了解社区居民对旅游业的反应和态度，特别是社区居民的旅游支持态度对于促进乡村社区和旅游目的地实现旅游可持续发展、社区关系和谐等具有重大的现实意义和价值。

2.1.1　社区居民的概念

本书所指的"社区居民"主要是指乡村社区内的从事乡村旅游的涉业人员，有些家庭全员参与乡村旅游，有些家庭部分成员参与乡村旅游。这些社区居民既是乡村旅游的经营者，同时又是乡村社区的居住者。他们有共同的意愿参与和支持乡村旅游发展。本书选择湖州市长兴县顾渚村、安吉县大溪村、德清县后坞村和碧坞村作为研究案例地，这四个乡村社区的居民具备典型的全民参与乡村旅游的特点。

从国内外乡村旅游发展的历程来看，社区居民参与旅游发展呈现出一个明显的变化，即社区居民参与乡村旅游已经从一项单纯的经济活动演化为一项复杂的社会经济活动。换言之，乡村旅游已经不再局限于作为社区居民增加收入的一种经济活动，而具有更广泛的社会内涵。本书所研究的社区居民是指乡村旅游情境中的乡村社区居民。乡村社区是人际互动频繁的社会空间，隐含着"关系亲密、守望相助和富有人情味"的内涵。乡村社区是一个具备共有的社会规范和价值观或者愿景指引的人际关系和睦的区域性场所，乡村社区居民之间也往往体现出以情感为黏合剂的社会网络以及成员间共有的规范和认同等特征，从而形成了一个同质性与异质性兼容的熟人社会。以往关于乡村旅游研究中，诸多学者往往将社区居民视为普通的居住居民，并不一定是旅游从业人员。但是，在中国情境下，社区居民参与乡村旅游开发是乡村社区全面发展的必由之路，这是中国乡村旅游发展的特色和国情，也是决定乡村旅游发展成败的关键内部因素。我国乡村旅游发展过程是以当地居民为主，这是典型的中国特色的乡村旅游。需要注意的是，一方面，当地居民是乡村社区的主人，特别在乎旅游发展对当地社区以及居民自我的影响；另一方面，社区居民又是当地乡村旅游的从业者和经营者，渴望享受乡村旅游发展的红利。换言之，他们既是乡村旅游发展的受益者，又是乡村旅游发展带来的各种负面影响的受害者。基于此，社区居民对乡村旅游发展的态度也会基于这两种身份的综合认知和判断。乡村社区居民渴望通过乡村旅游的发展实现个人的努力目标，形成共有的价值观，实现个人目标与社区共同愿景的有机融合。

需要指出的是，与乡村社区居民相比，城镇社区居民是一群异质性强、独立性强、价值观多元化的个体，共同生活在由城市化和城镇化进程所产生的聚集区域。随着城市的不断扩张发展、城中村的不断拆迁和改造、城市生活环境的变迁、城市压力的增加，使得城镇社区居民在日常生活中更多以自我为核心、以自我价值观为主，具体表现在追求个人和家庭收入水平的提高，个人职业的晋升以及社会地位的提高等，这也使得来自不同职业和领域、来源于不同省份和地域的社会群体，以及不同价值观甚至不同宗教信仰的人群共同生活在同一个城镇社区，构成一个异质性高、陌生度高、信任度低、抵御心理强的居民综合体。这种城市化的综合体主要特征为多元文化和多元价值观的不断冲突与融合。此外，城镇社区居民与社区之间的关系也表现出以非情感依托为主、以个人利益保障为主的关系。例如，城镇社区居民往往将社区视为服务的提供者，将自己界定为服务的获得者和享受者，主张社区充分尊重和吸收个人意见，以此不断地改进服务工作，提高服务品质，从而更好地为自己服务。同时，他们又要求社区充分保障个人权利，包括参与社区共同管理的权利、保障个人私有财产安全的权利等，他们会为争取个人权利的保障和实现做出相应的行动。

相比于乡村社区居民往往基于传统的地缘和血缘组成生活区域，形成相似的生活习惯，城镇社区居民往往基于个人的业缘和利缘连接在一起，从而形成一个特定的多元化生活场所。与乡村社区居民相比，城镇社区居民之间因为缺乏基于社区居民共同体而建立的共同社会关系基础，从而失去了如乡村社区居民之间传统的"熟人社会"特征，转而呈现出以房屋产权为纽带，以工作性质和工作区位为轴心，以个人私密生活为依归的彼此之间不熟悉、互动往来不频繁的"陌生人社会"。城镇社区居民之间不再像乡村社区居民一样具有很高的熟悉感和亲密感，也并非如乡村社区居民般日常互动往来频繁，他们之间因为缺乏共同利益的联结转而更加重视个人利益和诉求的实现。

2.1.2 居民旅游支持态度的概念

态度是一种心理倾向，是个体评估一个特定的实体或者对象在某种程度上赞成或不赞成。根据态度理论，态度是个体基于个人经验和认知对其周围的人、事、物所形成的一种心理状态。态度的构成可以包含多种成分，林崇德指出态度可以分为三个部分，分别为态度的认知成分、情感成分和行为意向成分。王二平将抽象的态度具象为认知和情感等基本心理过程与外部活动之间的"中介机制"。以往研究中，有观点认为个体对某一对象或者现象的态度往往是单维度的。换言之，诸多研究基于如下假设，即个体对某一对象或现象的态度评价是处于单向性的连续位置上，呈现连续性的特点。然而，越来越多的后续研究开始质疑这种观点，认为单向性的观点忽视了态度的多维性，相关学者也在他们的研究中指出个体对某一现象或者对象的态度可能同时存在积极或者消极的观点。正如 Fazio 指出，个体往往会对某一事物或现象基于过去体验或者认知形成总体的评价，因而最终的态度可能也会基于过去和现在的认知与评价，体现出双重性的特征。尤其是随着个体自身在知识、经历、认知等方面发生变化后，对事物的态度也会发生变化。Fazio 对态度的观点也得到了其他学者的响应，学者们在他们的研究中也进一步指出，个体的知识水平、信息处理和加工能力的变化与态度之间也存在不容忽视的影响关系。

具体到旅游领域，态度是各种与旅游相关的利益和成本的函数，也就是说，态度是与旅游业发展有关的最终状态的函数。居民旅游支持态度是相对于旅游业和 / 或对旅游业发展影响的感知能力的函数；换句话说，社区居民对旅游业的态度是与旅游业发展相关的过程函数。一种普遍的共识是，社区居民对旅游的支持态度是基于他们对旅游发展所产生的收益和成本的比较和评估。社区居民对旅游发展支持的决策是基于发展的预期效益和成本。因此，以往研究主要通过关注社区居民对旅游发展的影响感知比较而形成旅游的支持态度。需要指出的是，社区居民都是独立的个体，对旅游发展持有不同的看法、认知和态度。本书所指的居民旅游支持态度是指社区居民在乡村旅游发展中获得旅游价值收益，同时，个人能力提升带来个人价值的实现，进而产生支持旅游发展的态度。本书认为，居民旅游支持态度不仅来源于经济利益的获取，也源于个人能力提升与促进个人价值的实现所带来的成就感和满足感。由此可见，居民旅游支持态度的影响因素是多元化的、复杂化的，有必要全面梳理关于居民旅游支持态度的研究。

2.1.3　居民旅游支持态度的测量

居民旅游支持态度的测量方式，对开展旅游支持态度的实证研究具有重要意义。为深入研究居民旅游支持态度的概念化、操作化测量方式，国内外诸多学者对旅游支持态度的测量进行了有益探索，形成了丰厚的成果。整体上看，现有研究的文献中对于居民旅游支持态度的操作化测量体现出"单维度—多维度"与"一般性—特殊性"并存的现象。本书重点罗列关于居民旅游支持态度测量的较有代表性的相关学者的研究成果。

关于文化旅游支持态度的测量，比较具有代表性的是 Gursoy、Jurowski 和 Uysal 测量社区居民对文化旅游的支持态度的研究成果。该研究对支持态度的测量题项集中在单维度的文化旅游支持态度，示例题项如：你是否支持文化或历史景点的开发、你是否支持文化民俗活动等。同时，Jurowski、Uysal 和 Williams 在研究以当地自然资源为基础的旅游发展时，发现经济收益、资源使用度、社区依恋、生态态度、经济影响感知、社会影响感知和环境影响感知共同构成居民支持自然旅游发展态度的主要变量，并开发了包含 5 个测量题项的研究量表，测量题项示例如：你是否支持森林里的越野滑雪道和出租小屋等。Yoon、Gursoy 和 Chen 在关于当地居民的旅游影响感知对当地旅游业支持的结果影响研究中，也引用了他们开发的居民旅游支持态度量表。

Nicholas、Thapa 和 Ko 等在研究社区居民关于支持社区旅游可持续发展的态度时，设计了包含 5 个测量题项的旅游支持态度量表，测量题项示例如：我支持发展以社区为基础的可持续旅游活动；我参加可持续旅游相关的计划和发展；我参加当地居民和游客之间的文化交流；我参与促进环境教育和保育工作；我愿意与旅游规划和发展的倡议进行合作等。

Gursoy、Christina 和 Dyer 以澳大利亚阳光海岸的当地居民为研究对象，研究当地居民对大众旅游和非大众旅游的态度，开发了两类测量居民旅游支持态度的量表。其中，对大众旅游支持态度的量表关注是否支持开发大众型的旅游景点和实施，测量题项如下：你是否支持为大批游客开发设计主题公园和大型度假胜地等景点；你是否支持为吸引大量游客而开发包含旅馆和景点等在内的大众旅游发展。针对非大众旅游支持态度的量表，则关注是否支持微观层面的旅游资源和产品的开发。测量题项如：你是否支持以自然资源为基础的旅游业发展（例如森林中的小木屋、越野滑雪道），基于文化或历史的景点（例如游客中心或博物馆），文化和民俗活动（如音乐会），户外娱乐活动（如有组织的远足、骑自行车）等。

Yoon、Gursoy 和 Chen 以诺福克（Norfolk）、弗吉尼亚海滩（Virginia Beach）、纽波特纽斯（Newport News）地区的当地居民为对象，试图研究探讨 4 个旅游影响因素对总影响和当地居民对旅游发展支持的结构效应，开发了测量当地居民旅游支持态度的研究量表，主要包括 5 个测量题项，如：你是否支持以自然资源为基础的发展（如滑雪、露营区、公园、攀登等）；你是否支持为众多游客设计的景点（如主题公园、度假胜地、迪士尼世界等）；你是否支持文化或历史景点（如博物馆、宫殿、民俗村、古迹等）；你是否支持活动 / 户外活动（如娱乐设施、展览、表演、体育活动、商务 / 公共活动等）；你是否支持服务开发（如酒店、旅行社、餐厅、纪念品中心等）。Ward 和 Berno 重点强调了当地居民对游客的看法与旅游发展的态度、主客关系是旅游业发展的关键因素，因此，他们以"当地居民对游客的态度"表征居民对旅游的支持态度，开发了包含 11 个题项的测量量表。Oviedo-Garcia、Castellanos-Verdugo 和 Martin-Ruiz 开发了主要包括 6 个测量题项的关于居民旅游支持态度的量表，如：旅游业是当地社区最重要的产业；我很欢迎游客来本地旅游；发展旅游业是社区正确的发展方向；旅游业将继续发挥重要的经济作用；社区发展旅游业必须关注文化和历史景点（如博物馆、宫殿、历史遗迹等）；社区发展旅游业必须以旅游事件和户外活动为重点（体育设施、博览会等）。

2.2　居民旅游支持态度的影响因素

回顾世界旅游业的发展历程，社区居民对旅游业的态度以及其对旅游业发展的作用并非在一开始就得到足够的重视。直到 20 世纪 70 年代，社区居民这一利益主体角色才开始受到关注，诸多研究开始聚焦社区居民对促进乡村旅游发展的作用和价值，尤其是乡村社区居民的旅游支持态度。纵观国内外乡村旅游发展史，旅游业为当地乡村社区带来了可观的经济收益。然而，我们必须清醒地认识到，旅游业的成功非常依赖于当地社区居民积极的支持态度。过往研究也充分证明社区居民对旅游业的支持态度是决定乡村旅游可持续发展、社区关系和谐发展的关键因素，当地旅游业的可持续发展需要以社区居民的支持为依托。一旦乡村社区成为旅游目的地，社区居民的生活就会受到旅游活动的影响。没有当地居民的支持，当地旅游的可持续发展将会受到制约。因此，理解居民支持或者不支持旅游发展的影响因素是非常重要的，这能将负面影响最小化、支持旅游发展最大化。通过梳理国内外相关研究文献，可以看出，影响居民旅游支持态度的因素是多种多样的，我们必须加以全面回顾和认识。

2.2.1 经济影响感知对居民旅游支持态度的影响

经济影响感知主要是指社区居民对当地旅游发展带来的经济收益与产生的成本之间的比较。如果社区居民感知旅游经济收益大于成本，则社区居民会支持当地旅游发展；反之，社区居民可能会不支持当地旅游发展。因此，经济影响感知对居民旅游支持态度的影响可以分为积极影响和消极影响。长期以来，旅游业被视为经济发展的工具，特别是乡村旅游对社区居民经济收入的提高、生活质量的改善、乡村就业有促进作用，经济收益成为当地居民最看重的因素，也是影响社区居民旅游支持态度的先导因素。

具体来讲，社区居民对旅游经济影响的正面感知体现为：旅游创造了就业机会，促进了当地经济增长，提高了收入水平，并改善了居民的生活条件，带来了新的商业和创业投资的机会，增加了当地税收等。这些积极变化很大程度上提高了社区居民对旅游发展的认可度，也提升了社区居民对旅游的支持态度。然而，过去几十年的研究表明，居民对旅游经济影响的负面感知会降低旅游支持态度。比如，乡村旅游发展增加了生活成本，提高了土地和房子的价格以及商品与服务的价格，从而导致地方经济缺乏多元化，甚至缺乏经济活力等。也有学者认为乡村旅游进一步加剧了城乡差距。同样的观点也得到了 Fleischer 和 Williams 的证实。这些负面变化在某种程度上会影响社区居民对旅游发展的信心，从而降低居民旅游支持态度。

2.2.2 社会影响感知对居民旅游支持态度的影响

社会影响感知是指当地旅游发展给社区居民的社会生活带来的影响，如果社区居民感知社会影响收益大于成本，则社区居民就会积极支持当地旅游发展；反之，社区居民就会产生抵触情绪，进而不支持当地旅游发展。一直以来，旅游业对当地社会具有积极影响已成共识。旅游业给当地社区带来了更多升级设施的机会，比如户外娱乐设施、公园和道路，从而减少拥挤的剧院、电影院、音乐会和体育场所活动，也促进了更多公共服务和公共事业的发展。此外，旅游业的发展创造了新的工作模式并鼓动社会变革。这些积极变化很大程度上提高了社区居民对旅游发展的认可度，也提升了社区居民的旅游支持态度。与此相反，也有一些研究认为，旅游发展对当地社会带来一些负面影响。例如，在旅游开发周期的增长阶段，乡村社区产生了交通拥堵问题、公共场所拥挤现象，以及其他社会问题，诸如生活成本增加、犯罪、走私和心理紧张。此外，旅游发展所引发的社会公平和信任危机，也会直接影响乡村社区的邻里关系，从而降低居民旅游支持态度。

2.2.3　文化影响感知对居民旅游支持态度的影响

文化影响感知指的是社区居民对旅游发展给当地居民带来文化影响的感知，如果社区居民感知文化影响收益大于成本，则社区居民就会积极支持当地旅游发展；反之，社区居民就会不支持当地旅游发展。很多学者认为，旅游业是振兴文化的一种手段。旅游让"死亡"的文化习俗重新焕发活力，再现昔日的欣欣向荣。Tosun发现，文化影响会随着居民与旅游者的社会关系的变化而变化，旅游业为主客之间的文化交流提供了机会，促进了当地文化与外来文化的交融，帮助社区居民形成更加多元的文化。同时，乡村旅游的发展增加了当地居民的娱乐机会，促进了文化活动的发展，丰富了当地居民的文化生活，还能保护文化的价值，提高当地居民的自豪感。这些因素极大地促进当地居民参与乡村旅游的热情和积极性，也提升了当地居民对乡村旅游发展的支持态度。与之相反，也有一些学者认为，旅游是一个"文化剥削者"。旅游会给当地传统文化带来冲击，引起居民和旅游者之间的文化和价值观冲突。同时，旅游也经常被批评为是传统文化结构的破坏模式。旅游发展还会破坏历史文化资源，让当地社区的诸多历史遗迹失去文化的痕迹，导致文化价值观被割裂，也会导致个人隐私被侵犯。更有甚者，旅游带来的冲击会导致当地传统文化的恶化与消失。这些旅游发展带来的负面影响，会使文化进步方面的积极意义降低，甚至消失，从而降低居民旅游支持态度。

2.2.4　环境影响感知对居民旅游支持态度的影响

环境影响感知是指社区居民对旅游发展给当地居民带来环境影响的感知。如果社区居民感知环境影响收益大于成本，社区居民就会积极支持当地旅游发展；反之，社区居民就会不支持当地旅游发展。环境影响感知主要体现的是社区居民的环境敏感度（environmentally sensitive）。众所周知，乡村旅游发展中一个不可回避的问题就是"保护—开发"的辩证问题，争论的焦点停留在旅游开发对当地环境产生的影响是积极影响还是消极影响，应该优先保护环境还是优先发展旅游，以及发展旅游对当地环境带来的压力和保护是否能赢得当地居民的支持等。在积极影响感知研究方面，一些学者认为，发展旅游业有助于提高当地居民的环境保护意识，增强对自然环境和历史文化环境的保护，也包括建设新的环境保护设施，这将激发居民"拥抱旅游"的良好心态，能显著提升居民旅游支持态度。同时，旅游业也被视为清洁、无污染的朝阳行业，有助于改善社区及其周围环境的外貌，提高生活和休闲的环境质量。Garcia 认为，社区居民在从事乡村旅游的过程中，会特别关注乡村社区环境的变化，社区居民之间会形成对乡村景观维护的自觉性和共同努力，社区居民的这种付出和努力会大大促进乡村自然环境、生活环境与经营环境的改善，以及改变游客对旅游环境的印象，从而提升乡村社区的整体形象，积极提升居民旅游支持态度。社区居民也会特别关注旅游发展过程中环境的负面变化。这些变化会大大降低居民旅游支持态度。有研究指出，大批游客的涌入会破坏乡村景观和环境。例如，造成当地环境的污染、自然资源的破坏、植被的退化和野生动物的灭绝等。此外，旅游业的发展也会产生大量的垃圾，给乡村社区的环境整治带来压力。旅游项目的开发建设，在一定程度上还会造成水系环境的破坏，甚至水土流失、泥石流等恶劣现象的发生。这些负面影响会引发当地社区居民诸多的生活忧虑，从而降低他们的旅游支持态度。

2.2.5　旅游资源使用度对居民旅游支持态度的影响

社区居民对旅游业的态度可能是积极的，也可能是消极的。其中一个关键的影响因素就是社区居民对当地旅游资源被如何使用以及使用能力的感知。如果他们将旅游业视为可以改善他们休闲设施或增加社区休闲活动机会的因素，并认为能实现旅游资源价值使用的最大化，社区居民就会对旅游发展产生支持态度。反之，如果他们认为旅游业可能会导致社区居民失去传统的休闲活动或者挤压他们的休闲空间，社区居民就会降低对旅游发展的支持态度。

诸多研究旅游开发对资源利用影响的学者普遍认为，旅游业有助于增加居民的旅游休闲活动和休闲机会。但也同时存在一种比较普遍的现象，就是当地居民因担心本地旅游资源被挤占或者过度使用而对旅游发展产生负面情绪。O'Leary 在其研究中就提出了一个假设，即参与户外旅游休闲活动的社区居民对旅游影响会有更多的负面看法。他的研究结果也得到 Lankford 的证实和支持，他也发现参与户外休闲活动的社区居民从犯罪的角度来看是害怕旅游的。当然，这种结论并没有得到广泛的支持和响应。诸多学者表示不能支持这样的假设，即娱乐场所的使用与支持旅游业发展负相关。他们的研究主要检视 O'Leary 的理论，因为这个理论表明那些使用当地旅游资源的人认为旅游业是一种迫使他们与他人分享资源的活动。Perdue 等在研究中提出如下假设，与非参与者相比，当地居民会因旅游者使用当地户外休闲设施带来的机会成本而产生更多的旅游负面影响感知，从而降低居民旅游支持态度。

2.2.6 社区参与对居民旅游支持态度的影响

Murphy 指出旅游本质上是一种社会文化活动，包括本地居民和游客在旅游活动中的表现。其中，本地居民的参与是一大关键点。社区参与描述了社区居民参与、分享与他们生活和社区有关的问题的程度。社区是旅游决策和旅游支持的核心，当地社区居民应积极参与决策的制定过程。其中，社区居民参与旅游的程度是重点。研究表明，让当地社区居民参与管理和决策，可以增加社区居民和旅游业融入当地经济发展的共生性。正如 Cooke 所说，社区居民参与乡村旅游发展的程度以及提供发展建议和决策的程度，是影响居民旅游支持态度的重要因素。一旦居民积极参与和融入社区发展的各项事务和活动，他们会更加支持社区发展。社区参与在旅游可持续发展中起着重要作用，社区参与可以提高社区价值，提升旅游业的积极影响，减少负面影响。Sebele 指出，乡村社区积极发展乡村旅游，可以为社区居民提供更多的旅游收益机会。因此，社区参与被视为发展旅游的一个关键因素。社区居民积极参与乡村社区旅游的发展，同时，他们主动感知自己对社区乡村旅游发展的作用力和影响力，就会显著增强居民对当地旅游发展的决策权和知情权，会积极影响他们对旅游的态度。

在旅游发展过程中，居民对旅游发展的经济、社会、文化和环境的负面影响感知越来越深刻。正是由于这些负面影响，社区居民渴望通过深度参与乡村旅游发展，努力以多种方式降低旅游的负面影响，他们支持旅游发展的欲望也会更加强烈。政府部门评估并吸收社区居民对旅游的看法，有助于推进减少旅游负面影响政策的顺利开展。忽略或不重视社区居民参与旅游，可能会招致社区居民反对和阻碍旅游发展，削弱他们对外来游客的容忍度。大量的实证研究也充分证实了社区参与会影响旅游业发展的政策走向和前景，也会对居民旅游支持态度产生显著影响。

2.2.7　社区依恋对居民旅游支持态度的影响

社区依恋是社会学研究中用来探索个体对社区依恋程度的概念。社区依恋从概念上可以定义为社区居民社会参与和融入社区的程度与模式，以及对社区的情感或影响。社区依恋意味着社区居民把自己看成社区的一部分，对社区形成积极的认同与情感联系。这种积极的依恋感可能会影响居民对个人幸福和自豪感的看法。社区依恋可以理解为自我和社区之间认知与积极互动的结合。社区依恋意味着一个社区居民关心社区事务，与其他人交流社区问题，处理社区问题和相应的活动。社区依恋提供了一个重要观点：社区是居民生活质量的重要组成部分，社区的变化会影响社区居民对社区的依恋感或归属感。

在旅游相关研究中，社区依恋被应用于考察社区居民对旅游发展的态度，并证实两者之间存在显著的积极关系。Williams 等以社区情感、社区认同和地域认同三个变量测量社区依恋，探究社区依恋与居民旅游支持态度之间的关系。研究结果显示，社区依恋水平越高的社区居民对旅游发展的支持程度越高。这个研究结论也得到了 Jurowski 等以及 Gursoy 等的证实，他们均得出了较为一致的研究结论，即社区依恋水平越高的社区居民对乡村旅游发展的支持态度就越高，社区依恋性较强的社区居民相比于社区依恋性较弱的居民更倾向于支持旅游发展。

同时，McCool 和 Martin 在研究不确定性和社区依恋感的关系中发现，一些长期居住的居民非常依恋自己的社区，相比新的居民也对社区具有同样的依恋，居住时间长的居民在情感上和心理上更加认同社区、更加依恋社区。正如 Davis 等研究认为，当地老人比新人更积极地关心乡村旅游和社区发展，对旅游发展的态度也更加积极。尽管也有一些研究指出居住时间长短对旅游发展态度的影响微不足道，但是长期居住的社区居民与当地社区社会关系的力量高度相关，包括朋友、亲戚和社区中其他人。从这个角度看，社区依恋与社会整合密切相关，随着时间的推移，通过人际交往和本地化的社交网络，乡村旅游的发展会得到更多居民的认同和支持。社会学家 Hummon 从多学科视角深入探索社区依恋发现，社区依恋似乎根植于最强烈的当地社会关系中，从家庭到更广泛的社区。还有研究显示，对一个地方的依恋会影响个人之间的公民活动水平，因为社区依恋感高的社区居民更可能参与支持当地社区的旅游活动。

2.2.8 人口统计学特征对居民旅游支持态度的影响

回顾以往研究，尽管 Liu 和 Var 研究认为社区居民的人口统计学特征缺乏对居民旅游支持态度的解释力，但依然有不少学者分别从性别、年龄、受教育程度和收入水平等人口统计学变量视角，解释了不同人口社会学统计特征的社区居民在旅游支持态度方面的差异，进而揭示了人口统计学特征在居民旅游支持态度方面的效应。

就性别而言，相关研究证实性别差异对居民旅游支持态度的差异具有一定的解释力。通过检验不同性别的社区居民对旅游支持态度的变化，能更好地窥视性别差异的影响关系。例如，Kim 等从年龄、性别、职业等多项社会学人口统计特征的角度，以韩国首尔当地居民为研究对象，重点探索当地居民对 2002 年韩日世界杯在韩国举办的影响感知的差异程度。他们的研究结论显示，女性居民对重大旅游和节庆事件的感知比男性居民更加强烈。此外，韩国家庭主妇对旅游积极影响的感知明显高于消极影响的感知。Mason 和 Cheyne 从新西兰全国范围调研了从事乡村旅游的居民，研究发现社区居民普遍都支持旅游发展，但是性别差异在居民对旅游支持态度方面的差异也比较明显。Allen 等也指出，从男性和女性对不同类型的旅游发展的支持程度来看，男性往往比女性更喜欢大型活动的发展，而女性对文化事件的态度更积极。

就年龄而言，诸多学者认为年龄也可作为解释居民旅游支持态度的一个变量，而且年龄对居民旅游支持态度的影响研究在已有文献中也呈现出观点不一致的现象。作为生命周期阶段的衡量标准，年龄在居民社区参与程度上发挥了重要作用，居民参与乡村旅游的程度在一定程度上表明了他们对旅游的支持态度。England 和 Albrecht 指出，年长的居民更多地参与他们的社区活动，而 Goudy 的研究结果表明，年龄较大的群体较少参与社区事务。Allen 等在对美国科罗拉多州乡村社区的研究中发现，年龄与旅游支持态度呈负相关。具体来说，当地居民的年龄越大，同时他们受教育的程度越低，他们支持旅游发展的态度越低。然而，也有学者得出相反的结论。例如，Renata 通过对澳大利亚黄金海岸（Gold Coast）居民开展研究，得出年龄与旅游支持态度呈正相关，即社区居民年龄越大，越支持旅游发展。进一步研究还发现，老年居民比年轻居民对旅游的态度更为开放和友善，同时老年居民也能更好地包容旅游发展带来的消极影响。Kim 通过研究韩国首尔的居民对 2002 年韩日世界杯在韩国举办期间及期后对当地旅游的影响感知，发现年轻居民对消极影响的感知更为强烈。在大多数情况下，年轻人比年长者愿意对各种类型的旅游发展提供更多的鼓励。

从受教育背景或者学历角度来看，Stinner 等指出，受教育程度是一个有积极影响的变量，能对居民旅游态度产生显著影响。Allen 等通过对美国科罗拉多 20 个乡村社区的研究表明，受教育程度是影响居民旅游态度的一个重要变量。Teye 和 Sirakaya 也在他们的研究中发现，社区居民的受教育程度与居民旅游支持态度存在一定的相关性。他们的研究进一步指出，社区居民接受的教育程度越高，知识水平越高，他们也越喜欢与外地游客进行交流，愿意同游客互动交流分享个人的看法和经验，并与之建立社会关系。通过社会关系的建立，不断促进旅游经营活动的发展，以此提升居民旅游支持态度。

2.3　旅游地生命周期理论

2.3.1　旅游地生命周期理论的内涵

旅游地生命周期理论（tourist area life cycle）是研究旅游地演进过程的基本理论，阐明了旅游地在不同生命周期阶段会表现出不同的特征、规律和结果。关于旅游地生命周期理论的起源和发展历史，普遍的共识是德国社会学家 Christaller 最早提出了"旅游地生命周期"的概念。他研究发现一个旅游地基本遵循发现、成长和衰退三个典型的演进阶段。Christaller 的研究揭开了旅游地生命周期理论的第一层面纱，也为后续的学者陆续深入研究旅游地生命周期理论铺上了一条"学术柏油路"，为更多研究成果的诞生加上了马力。Plog 通过研究旅游地生命周期与旅游者群体变化之间的关系，发现旅游地的兴衰取决于不同类型的旅游者活动，在此基础上提出了心理图式假说（psychological schema hypothesis），将不同的旅游者群体按心理类型划分为多中心型、近多中心型、中间型、近自我中心型、自我中心型五类，从而构建了旅游地演进的生命周期模式。Lundtorp 和 Wanhill 则通过长时间序列数据，运用时间轴的方法，概括了旅游地的"成长—衰落—稳定"模式、"主循环—再循环"模式和"扇贝模式"等三种循环模式。

相对而言，备受学界认可且应用广泛的当属加拿大学者 Butler 提出的旅游地生命周期理论（Tourist Area Cycle of Evolution）。Butler 借鉴产品生命周期理论的观点，提出包含探查、参与、发展、巩固、停滞、衰落（或复兴）六个阶段的旅游地生命周期理论，形成了较为形象的"S"型曲线（见图 2.1）。换句话说，一个旅游地终将会经历从起步经过兴盛而衰落的进程，这就是一个旅游地的生命周期，它是一个动态演化的过程。其中，旅游地在进入停滞阶段后，还存在另一种可能，即进入复苏阶段。为了避免旅游地从停滞阶段直接进入衰落阶段转而进入复苏阶段，可以有两种方法：一是创造一系列新的人造景观；二是充分发挥未开发的自然资源的优势，重新启动市场。Butler 旅游地生命周期理论的六阶段模型，为旅游地演进模式提供了一种有效的研究框架和解读方式，明晰了各个阶段的主要特征，为研究旅游地的发展和演化提供了一个重要的理论基础，提高了旅游地生命周期的解释力，为旅游地在各个周期阶段采取相应的开发、保护、营销、政策等战略的实施提供了一种决策参考，从而最终实现延长旅游地生命周期的目标。

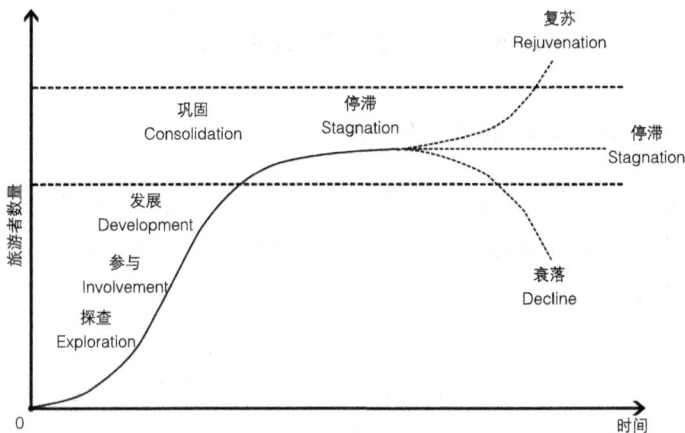

图 2.1　Butler 旅游地生命周期理论模型

2.3.2　旅游地生命周期理论的主要学说

关于旅游地生命周期阶段的划分类型，诸多先驱研究形成了不同的论断。梳理以往各项研究，具有代表性的主要有旅游地生命周期的"三阶段论""四阶段论""五阶段论""六阶段论"这四种主流的阶段论学说。

"三阶段论"主要是将旅游地生命周期的发展阶段划分为发现、成长和衰退三个阶段。代表性学者有 Christaller 和 Noronha。"四阶段论"的主要观点是旅游地生命周期会经历探索、发展、成熟和衰退等四个阶段。此外，四阶段还存在这样的演进路径，即经历前三个阶段后会处于长期稳定阶段。Cooper 等也论证了旅游地生命周期经历四阶段演化的观点。"五阶段论"的观点认为一个旅游地会经历探索、参与、发展、成熟和衰落等五个阶段。比较有代表性的学者有 Hovinen、Strapp。"六阶段论"的代表性学者就是 Butler。Butler 将旅游地划分为探查、参与、发展、巩固、停滞、衰落（或复兴）等六个阶段。需要指出的是，旅游地生命周期演化过程还存在某些特殊阶段。如 Priestley 和 Mundet 提出了"后停滞期"（post-stagnation）这个概念，解释旅游地演进过程中会出现进入巅峰时期，之后延续原来发展成果保持一段时期。Agarwal 则研究发现，在停滞阶段与后停滞阶段之间还会出现另外一个阶段，他将其命名为重定位阶段（re-orientation phase）。Baum 从旅游地生命周期完整性的视角认为在旅游地衰退阶段之后还应增加"退出"阶段，使得整个周期更加完整。

　　旅游地生命周期理论在被引入国内学术界之后，引起了国内学者的再探索、再理论化、再应用化研究，并形成了中国情境下的诸多研究成果。比较有代表性的是旅游地双周期模型和"旅游地-旅游产品生命周期复合模型"。余书炜提出了包含长周期和短周期的旅游地双周期模型。其中，长周期是指一个旅游地从开始阶段到步入最终衰落阶段的整个周期；短周期则是指一个旅游地保持旅游吸引力不变的一段时期。刘泽华等通过以南京市的几个旅游地作为研究案例，提出了"旅游地-旅游产品生命周期复合模型"。其中，这个模型包含了两个子模型，分别为旅游地-旅游产品生命周期模型和旅游地－次级旅游地生命周期模型。上述研究成果也充分说明了旅游地生命周期理论对于解释旅游地演化具有很强的普适性，同时也昭示旅游地生命周期理论在置于特定情境下的研究中亦能取得新的突破，拓展理论的应用边界。

2.3.3　旅游地生命周期的影响因素

　　旅游地生命周期理论一经问世就被大量应用于实证研究，学者们广泛探索并总结出诸多影响旅游地生命周期的因素，以此试图揭示旅游地生命周期演化的内因和外因。综合梳理国内外关于旅游地生命周期演变的影响因素研究，主要形成了三种观点或者学说：内因说、外因说和综合因素说。

（1）内因说

　　内因说的主要观点强调旅游地内部自身的条件因素对旅游地生命周期的影响。如 Hovinen 指出旅游地的良好的区位、便利的交通、旅游资源的丰度、旅游承载量等，是旅游地生命周期演进的积极因素。另外一些学者特别强调了环境质量和旅游承载力对旅游地生命周期的影响。旅游地的衰落也有可能与当地旅游开发过度商业化相关，过度商业化会让一个旅游地失去原真性和吸引力，从而降低旅游地的竞争力，所以旅游地的发展既要注重乡土性的维持，也不能超过其旅游承载力。Meyer-

Arenelt 认为其当地居民的居住模式和观念的变化、保护环境所付出的努力是旅游地生命周期的重要内部因素。Getz 还指出旅游地有效的管理和规划是促进旅游地生命周期积极演化的内部影响因素。也有学者关注居民旅游态度与旅游地生命周期之间的关系。Meyer-Arendt 和 Priestley 指出其当地社区居民的旅游支持态度对旅游地生命周期能产生积极的促进作用，这种作用主要体现在延长旅游地的生命周期，并延缓衰退期的到来。

（2）外因说

外因说主要是指旅游地外部环境因素对旅游地生命周期的影响。其中，市场因素是外部环境的一个主要因素。Stansfield 认为客源市场的变化会显著改变旅游地生命周期的演进轨迹，可能会加速旅游地步入衰退阶段，抑或是帮助旅游地维持在成熟阶段或者重新恢复兴盛。Debbage 指出外部旅游市场的变化还会影响旅游经营者的旅游决策，并给当地旅游业的结构带来变化，从而影响旅游地的生命周期。Cohen、Plog 指出不同的游客类型、游客的不同心理状态都会直接和间接影响一个旅游地的生命周期。Cooper 和 Jackson 也认为外部竞争环境的变化对旅游地生命周期具有明显的影响。此外，Agarwal 和 Tooman 都指出外部社会资本投资对旅游地生命周期具有正面效应，这种观点也得到了其他学者的证实。Douglas 的研究还提出政治不稳定等外部政治环境对旅游地生命周期会产生负面影响。

（3）综合因素说

综合因素说的主要观点认为影响旅游地生命周期的因素是错综复杂的，往往不是单方面的影响因素。这种观点受到许多学者认同。Agarwal 和 Priestley 指出旅游形象是旅游地生命周期的重要影响因素。Cooper 和 Jackson 发现旅游发展速度对旅游地生命周期也会产生影响。Cooper 和 Jackson、Debbage、Benedet 与 Bojanic 的研究指出了政府与旅游主要经营者决策的影响作用。这种观点也得到国内部分学者的认同。Getz 也特别强调政府有意识、有目的规划与管理对旅游地生命周期具有显著影响。Haywood 认为一个旅游地对游客的吸引力、新旅游开发商的竞争、旅游替代品的出现、环保主义者的异议等因素都会对旅游地生命周期产生影响。此外，还有政策、国际供求关系市场、社会背景和殖民历史、突发事件（主要是能源危机与战争）等因素也会对旅游地的生命周期变化产生影响。

过往关于旅游地生命周期影响因素的研究形成了较为丰富的观点，也为旅游地的管理和规划提供了较为扎实的现实依据。Hovinen 指出，如果一个旅游地没有进行合理规划和管理，缺乏对旅游影响因素的研究和判断，那么就有可能快速进入衰退期。Butler 也强调必须要用长远的目光对旅游地进行规划和管理，调控旅游容量，控制旅游地的旅游发展程度在其旅游承载力范围之内，延缓衰退阶段的到来。Bramwell 和 Lane 也认为合理的规划和管理措施是确保旅游地可持续发展的重要手段。正如 Farrell 所说，旅游地的发展策略需要根据不同的发展阶段、面临的不同问题进行合理调整，应全面考虑多方面的因素，确保以可持续发展的理念进行规划和管理。关于旅游地生命周期管理的措施和策略主要有开发新的旅游吸引物、重新划分和定位客源市场、开发不同的旅游产品、丰富旅游产品层次、针对目的地制定特定的规划管理策略、加强环境保护与管理措施，通过人为的努力，延长旅游地生命周期。因此，在旅游地的演进过程中，积极利用各种力量，能有效帮助旅游地在整个生命周期中延续兴盛。

2.3.4　旅游地生命周期理论与居民旅游支持态度

旅游地生命周期理论是揭示旅游地在不同生命周期阶段表现出的特征、规律和结果的一种理论，与乡村旅游发展的特征和轨迹有天然的"同生性"，是乡村旅游研究的经典理论。自旅游地生命周期理论问世以来，其研究的对象和情境也是普遍聚焦于乡村或者乡村风景旅游胜地。旅游地生命周期理论的发展和成熟也是伴随着乡村旅游研究的成长。诸多学者将旅游地生命周期理论应用到乡村旅游，取得一系列较为可观的成果，极大地丰富了旅游地生命周期理论的内涵，充实了旅游地生命周期理论的理论应用情境，拓展了旅游地生命周期理论的理论边界。Christaller 在研究欧洲的乡村旅游时，指出地中海沿岸的乡村普遍都会经历发现、成长和衰退的演化阶段。Cooper 和 Jackson 以英国马恩岛（Isle of Man）为例，研究表明马恩岛的旅游演进过程非常符合旅游地生命周期模型，也论证了旅游地生命周期理论对旅游岛（乡村旅游地）发展具有较好的解释力。同时，旅游地生命周期各个阶段所表现出的特征，也有助于当地旅游政策的制定和决策参考。

中山大学的保继刚教授最早将 Butler 的旅游地生命周期理论引入国内旅游开发研究。他引用 Butler 的旅游地生命周期理论解释喀斯特洞穴的旅游生命周期特点，他认为喀斯特洞穴在探查发现后，经常被政府保护起来；而经开发后的第一年，往往因轰动效应聚集庞大的游客量。轰动效应结束之后，随着游客数量的锐减，喀斯特洞穴很快就进入衰退阶段。同时，保继刚和彭华教授同样将旅游地生命周期理论应用到丹霞山地貌的开发，指出国内很多旅游地都处于巩固、停滞或者衰退阶段，需要进行新的拓展使之重新复苏，从而延长旅游生命周期。张善峰和卓丽环通过解读旅游地生命周期的阶段演化轨迹和特征，研究乡村旅游开发建设的模式，提出了基于旅游地生命周期理论的兴建式开发、规范式开发和复兴式开发三种乡村旅游开发模式。赵承华也通过引入旅游地生命周期理论的基本观点，研究乡村旅游的开发模式，研究发现一个乡村的旅游发展所处的生命周期阶段是选择乡村旅游开发模式的重要依据，并分析总结了乡村旅游地生命周期四个阶段，以及近郊型、景区周边型、偏远山区型三种区位条件下的乡村旅游发展模式。陈巧云和黄建宏在研究海南乡村旅游时指出，旅游地生命周期理论能很好地解释海南乡村旅游发展轨迹。他们还发现一个特别现象，乡村旅游地的利益相关者的主要利益冲突是海南乡村旅游发展阶段的决定性因素。他们进一步阐释了海南乡村旅游发展各个阶段的主要矛盾表现：①参与阶段，主要矛盾表现为当地社区居民与当地政府之间的土地征用矛盾；②发展阶段，主要矛盾则表现为旅游企业与游客之间的旅游需求与供给的冲突；③巩固阶段则表现为社区居民与旅游者的旅游服务质量和乡村生活环境之间的冲突；④停滞阶段则表现为旅游企业与当地政府兼顾经济、社会、环境效益的利益矛盾。

此外，相关研究也表明了旅游地生命周期理论与居民旅游支持态度之间的关系，指出当地居民的旅游支持态度对旅游地的生命周期具有重要影响，会显著影响旅游地生命周期的演化。Akis、Peristianis 和 Warner 通过对比塞浦路斯（Cyprus）不同发展程度的乡村居民对旅游发展的态度，研究证实了 Butler 旅游地生命周期理论的基础命题。同时，他们从不同乡村的比较中得出如下结论：接触旅游较少的乡村居民比接触旅游更深的居民对待旅游的态度更加积极。Ryan 等也通过研究身处不同发展阶段的乡村居民证实了 Butler 生命周期理论的观点，研究发现初始阶段的旅游地居民对旅游发展的态度比成熟阶段的居民的旅游支持态度更加积极。Lawson 等通过对比新西兰 10 个小镇的居民态度与旅游发展阶段，论证并支持上述结论。沈克以旅游地生命周期理论为理论基础，研究了中国信阳郝堂乡村旅游发展的不同阶段。王茂强等基于旅游地生命周期理论，通过对中国贵州部分乡村旅游地进行调查和研究，提出了乡村旅游生命周期综合评价指标体系，识别了影响旅游生命周期的主要因素，以及对居民旅游支持态度的影响。

2.4 知识转移理论

2.4.1 知识转移的定义

自古以来，知识在人类文明和社会进步中发挥了至关重要的作用。知识帮助人类打开了认知世界、改造世界的窗口，帮助人类文明不断向前进步，攻克了曾经阻碍生产进步、生活美好的技术难题，也破解了影响社会稳定的制度难题。知识是结构化的经验、价值和情景信息的混合，是人类对实践经验和客观世界的认知总结，也是创造世界未来的强大工具。在个体层面，知识显著提高了个体的综合能力，激发了个体的创造力，提升了知识在社会生活中的应用价值。在管理学领域，Polanyi最早从管理的视角将知识分为隐性知识和显性知识。隐性知识主要包含个人拥有的经验、想法、观点、知觉、信仰、技巧以及个人特有的思维模式。在某种程度上来讲，隐性知识是存在于个体大脑内的知识，难以进行正式编码，难以通过书面的、系统的方式传递给他人。而个人的大部分知识都是隐性知识，源于长期积累并积淀下来的。因此，个人隐性知识的转移就需要面对面以及高频次的沟通、交流，以弥补个人的知识缺口。显性知识则是以显性的书面文件、学习册子、数据表、数据库等形式存在，便于大家一目了然学习、共享。显而易见，显性知识相比隐性知识更容易在个体或群体之间转移。但是，隐性知识所能产生的转移效果，特别对于个体来说，更能提升个体的综合能力和知识库容量。

知识转移的概念最早由美国学者 Teece 提出，他指出技术的国际转移，特别是跨国家、跨组织的转移，往往能积累起大量跨国应用的知识。随后，知识转移概念的探讨在管理学界蔓延开来，呈现了百家争鸣的现象，也推动了知识转移研究的跨越式进步。Holtham 和 Courtney 认为知识转移是一个学习和沟通的过程，学习和吸收知识时往往会产生一种自我重构知识的行为，从而促进知识的吸收和再利用。Inkpen 等指出知识转移是一个个体受其他个体的经验影响的过程，或者是一个组织成员受另一个组织成员影响的过程。左美云引入了知识势能的概念来阐述知识转移。她认为知识转移是不同知识势能主体之间的转移过程。具体来讲，知识往往是从知识势能高的主体转移到知识势能低的主体。同时，双方还会产生知识使用价值的互相回报等行为。这也充分表明知识转移双方存在的知识差距是知识转移活动发生的条件。伍晓玲和周明认为知识转移是个人或群体所拥有的有用知识被他人共享、改造和利用的一种活动。换言之，知识转移就是个人将自我积累和掌握的知识以及经验技巧等通过转移活动，让他人的知识获得补充和提升。同时，知识转移双方都能获取和利用他人提供的知识使自己的知识增加，改善自我知识结构。知识转移是知识提供者和接收者两者之间的一种互动式交换活动，双方彼此转移、吸收和互补知识，同时对他人转移的知识进行再利用和创新的过程。知识提供者引导知识接收者联结新知识和原有的知识基础，并整合应用到具体实践中，不断改造和提升自我。

Drucker 认为知识是当今唯一有意义的一项资源，知识有别于资金、土地乃至人才的关键之处在于"知识是资源本身"，而非作为资源的一种类型存在。

基于上述分析，本书研究的知识主要是以乡村旅游发展中社区居民的个人隐性知识为主，显性知识为辅。其中，隐性知识主要包括社区居民在旅游经营中积累的个人经验、想法和技巧等，以及社区居民通过互相学习和改造利用后的新知识与新技能，是非显性的、非理论化的知识；显性知识则主要包括社区居民了解和掌握的国家政策与文件精神以及地方性的法规及指导意见等信息类知识的总和。

基于此，本研究的前提条件是经过乡村旅游多年的发展，社区居民已经掌握了许多隐性知识和显性知识，不同社区居民之间掌握的知识存在差异性和互补性，他们有着不同的知识来源。在此前提下，本研究的社区居民之间的知识转移主要是指在乡村旅游情境下，社区居民个人拥有的隐性知识和显性知识在彼此之间的转移和分享活动。需要指出的是，这种知识转移活动往往以互相学习和交流方式存在，也存在加以创新和改造以及再利用的过程，有助于社区居民的专业能力和知识水平的提升，并改进社区居民的旅游经营方式和理念，实现旅游价值获得感的增加。本书所指的知识转移是社区居民之间的互动活动。因此，社区居民既是知识提供者，也是知识接受者。社区居民代表着不同的知识来源，他们同时扮演着双重角色。

此外，相对于可以编码的显性知识，隐性知识对社区居民具有更加重要和关键的机制，大大提高了社区居民的专业能力和知识，社区居民旅游产品创新和经营创新能力的获取往往依托于这些隐性知识下的"know-how"。因此，社区居民对这些知识以及知识转移的效果满意度普遍很高。从某种程度上讲，这也意味着社区居民学习的热情和求知欲在乡村社区居民之间逐步呈现出扩散效应。

2.4.2 知识转移的类型

众所周知，个体或群体间的知识总是存在差异，即"知识差"或"知识缺口"，这为知识转移创造了先决条件。知识只有通过有效的双向互动，转移双方才会因知识的转移而弥补自己的知识缺口，从而使自己的知识得到增加。必须指出的是，比知识转移更重要的是知识在转移过程中会得到改造和创新。同时，知识在广泛转移和传播时发挥的知识效应和社会效应，要比仅仅掌握在少数人手中能产生更大的作用。知识往往以不同的方式在组织、群体或个体间转移或传播。Holttham 认为知识转移的方式有正式的和非正式的，有个人的和非个人的。

因此，关于知识转移的类型，比较普遍和备受认可的方式主要划分为个体间知

识转移和群体间知识转移两种类型。本书也主要对这两种转移方式进行文献梳理和
阐释。

2.4.2.1　个体间知识转移

个体间知识转移往往以纯粹的私人关系为基础，出于彼此之间的互帮互助进行
知识转移活动。个体间知识转移主要分为正式的个体间知识转移和非正式的个体间
知识转移。正式的个体间知识转移往往在转移的时间、地点、内容等方面由制度和
目标所确定，而非正式的个体间知识转移则具有相当大的灵活性，不受时间、地点
等限制，主要靠彼此之间的信任、互惠、文化习俗等。相对而言，个体间非正式的
知识转移往往能获得更直接、更有效的知识，是知识转移众多模式中最具管理和实
践价值的模式。本研究的社区居民之间的知识转移就属于典型的非正式知识转移方
式，社区居民在几十年邻里关系建立的信任基础上，以串门、唠嗑、拉家常、讨教
彼此之间的经验等方式，实现知识在彼此之间的转移，增加和互补自己的知识、经
验与技能，并持续加深邻里感情以及对社区的感情和依恋。

个体间知识转移主要以隐性知识的转移为主，根据 Polanyi 的观点，知识中占主
导地位的是隐性知识，超过所有知识总量的80%。一个普遍的共识，就是隐性知识
往往源自于个体的个人思想、经验、技能以及各种专业知识的自我学习、总结、积
累和提升。当前，个体间隐性知识转移的方式以直接的接触和互动为主。这种知识
转移方式往往是双向的，传递的知识量非常丰富，转移的双方都能在转移过程中很
快捕捉和接收到对方的信息，从而促进知识的理解和转移。通过彼此之间的互动对
话与沟通，个人拥有的知识与他人进行分享。隐性知识转移有助于促进知识整合，
提高决策水平和决策能力，提高知识创新能力。知识在转移过程中，必须在一定程
度上与个人已有的知识建立联系和融合，因为知识的获取过程实际上是将新的经验
和信息与个人原有知识整合的过程。知识转移的提供方和接受方之间并非是孰优孰
劣的问题，而是互利互惠的关系。他们既是贡献者，又是受益者。知识提供方和接
受方之间的区分也不是绝对的，在知识转移过程中，他们可能互为接受者和提供者。

2.4.2.2　群体间知识转移

群体间知识转移依赖于个体间知识转移的活动，是以个体间知识转移活动为基
础，但同时又不是纯粹的个体知识的简单叠加。因为，一来，个体拥有的知识总是
有限的；二来，生活和工作中的诸多事务都是集体的、合作的活动，所以在处理事
情的过程中沉淀下来的很多知识很少为个人所拥有和掌握，而是为工作团队所拥有

和共享，体现出知识的集体性质特征。关于群体间知识转移，以往研究更多地关注企业之间或者企业内部群体或团队之间的知识转移，其中企业之间的知识转移也更多的是通过企业员工，以群体的方式进行转移和接受。Argote 从组织的层面定义了知识转移，他强调知识转移是两个组织之间的影响关系，即一个组织的经验和方法影响另一个组织行动的过程，是典型的"经验—行为"的影响模式，这种影响过程可能是短暂的，也可能是持续的，它在某种程度上影响知识的改变或者改变知识接受者的行为。Bloodgood 指出知识转移就是知识在不同组织或者不同个体之间的流动、转移、传播和共享，是从一个单元向另一个单元的移动。这种转移意味着知识在不同群体之间进行广泛流动和交换，形成交换关系，也能建立持久的合作关系。Szulanski 研究认为知识转移是组织知识在知识传播者和接受者之间的双向互动交换行为。其中，知识传递和知识吸收是知识转移的两个重要过程，它不断改变着双方的思维模式和决策行为。

董晓英指出企业内群体之间的知识转移可以划分为三个层面。具体来说，包含多元化转移、横向转移和纵向转移。多元化转移、横向转移和纵向转移这三个层面的划分，为群体间知识转移的研究拓宽了思路，也为个体间知识转移形式提供了理论基础。伍晓玲和周明认为组织内部群体之间的知识转移有远近之分。众所周知，群体间的关系和互动频率等会影响知识转移的距离。王君和樊治平将组织内的知识转移划分为三种类型，即：①个体知识向组织的转移：个体的隐性知识经过组织化从而转化为组织的知识库，同时，组织知识库中的知识可以为组织中所有个体共享；②组织知识向个体的转移：组织知识通过组织系统为组织中所有个体所共享，组织中的所有个体通过各种学习途径和方式获取组织中的知识；③个体直接共享组织中的知识。其中，需要特别指出的是，个体知识向组织的转移、组织知识向个体的转移这两种方式是群体间知识转移的主要方式。此外，在同一个企业或者组织的内部群体成员之间，要实现快速有效的知识转移关键在于为群体成员营造一个实时互动的学习环境，这也可以大大提高学习和转移的效率。左美云研究发现合同型转移、指导型转移、参照型转移、约束型转移、竞争型转移和适应型转移是企业打造信息化主体、促进知识有效转移的六种主要方式。朱赤红基于个人的研究，认为知识转移可以分为理论转移、方法转移、技术转移和工具转移等类型。

2.4.3 知识转移的结果

2.4.3.1 知识转移的正面结果

知识转移的目的是吸收新知识和有效地利用新知识。知识转移过程中，知识接收方接收的知识都可以界定为新知识。因为接收的知识补充了其原有的知识结构，丰富了知识基础，而新知识的创造和应用则决定于个体自身。个体需要通过观察、模仿和练习，把其他个体的隐性技能和知识转化成自身隐性知识的一部分，并通过知识外化的方式，为自身服务和创造价值。同时，知识转移是学习和创新的前提。知识只有通过有效的转移和分享互动，转移双方才会因知识的转移而使自己的知识得到增加。必须指出的是，比知识转移更重要的是知识在转移过程中会得到创新。这就要求知识转移过程中转移双方都必须理解知识并加以应用，不然就无法达到知识转移的效果，或者说并没有真正发生知识转移。换言之，知识必须通过彼此达成一致的理解和共识，方能实现知识成功转移的目标。我们应该认识到的是，知识转移并非只是简单地促进知识的流通和传递，知识接受者将转移的知识进行重新整合并创造新的知识才是转移的重点和关键。这个过程就会发生知识的融合创新。同时，知识在广泛传播时，要比仅仅掌握在少数人手中产生更大的作用。正如 Alavi 和 Leidner 所说，知识只有在解决实践中发生的问题，并通过应用和转化大大提高人们的能力时，才能产生真正的价值。因此，知识转移体现出知识转化和应用的能力。此外，知识转移会对知识接收方产生两个维度的作用和影响：一是影响知识接受者的决策，特别是决策结果；二是影响知识接受者做出决策的思维模式和执行决策的运作模式。

知识转移所带来的价值往往是知识转移的核心目的与宗旨。对于个体间非正式知识转移行为来说，其价值在于能显著提高工作效率、提升组织的绩效、促进知识跨组织边界的流动，还能促进企业和组织的技术改革和创新。知识转移隐含着这样一个思想，即知识转移是一种个体间的互动交换行为，可以提升双方的知识和能力水平或者实现共同目标。本研究的知识转移主要是指社区居民个体间关于旅游产品开发、旅游服务和管理及游客需求等相关知识与信息的转移及交换，以及情感的交流，这种转移往往能互补居民原有的知识基础，提高居民旅游开发和经营的水平。在此基础上，居民旅游支持态度基于他们获取新知识并将其应用到旅游经营和管理中所收获的自我满足感与成就感。

2.4.3.2 知识转移的负面结果

知识转移研究的初衷就是探索知识转移给个体、群体、组织和社会所能带来的积极作用。相对来说，知识转移的负面影响研究并没有成为该研究议题的重点。然而，知识转移作为一种典型的交换行为，既能给彼此带来预期的价值和满意的结果，也可能给双方或者某一方带来负面结果。总体来说，知识转移的负面影响主要有以下几个方面。

（1）知识转移所带来的"失去竞争优势"的窘境

在知识转移活动中，因为转移双方知识需求不一，带来的知识转移结果也可能不尽如人意。其中，因信息不对称引发的知识转移的负面影响是知识转移各方亟待破解的困境。比如说，在个体间知识转移中，考虑到个体知识的不可监测性，知识转移的结果往往只有事后才能评估。例如，Bouty 研究发现，个体很少将直接的竞争对手作为知识转移的对象。然而，在现实中因为所需知识的特殊性，选择了与竞争对手实施知识转移行为，最终因为面对直接的竞争对手，知识转移的结果就是对手获得新知识，从而出现对方实力增强、自己暴露弱点等"此消彼长"的现实窘境。进一步，对手也将利用从知识转移活动中获得知识实现绩效的增长等。这种由于知识转移使得自己失去竞争优势，失去个人的知识所有权，成为各方在开展知识转移活动中的主要负面结果。

（2）知识转移中的"知识流失"困境

企业或其他组织在具体的运营和管理中，为顺利实现某个目标往往会组建临时的项目团队。这个项目团队往往集合了所有项目成员的个人知识，同时，项目成员在完成项目过程中还能产生新的知识。然而，随着项目的完成和目标的实现，项目团队也会解散。此时，项目团队成员作为各种项目知识的载体也开始离开，保存在项目团队成员大脑中的知识和经验，也往往没有实现个体到组织的转移和保存从而导致知识的流失，没有实现组织知识库的扩充和完备，也没有实现组织知识系统的重构，从而给组织造成一定的损失。

此外，知识流失问题还会出现在个别成员突然从项目团队离开或者遭挖墙脚等情况，从而给团队和组织带来损失。项目团队成员在个人知识、经验、观点方面都存在显著差异，当项目成员围绕某一主题或者某一目标而开展广泛、深入的讨论，就会在不断的知识转移和分享活动中，促进所有成员的知识增加、技能提升、经验累积等，帮助项目成员成为更加优秀的"知识载体"。在此情况下，项目成员因各种原因离开项目组，或是遭遇挖墙脚，或是因团队合作出现问题负气离开，又或者是因为自立门户离开，这些都会造成很大的知识流失，甚至让部分企业迅速走向衰落，成为组织的重大损失。

知识转移的过程会实现知识的增加、知识的创新和利用，倘若转移的知识无法作为资产沉淀下来，而是随着某一目标的完成而失去，所造成的负面影响就不是简单的经济数量损失所能衡量的，其无形的资产增值、品牌增值等会是更长久的损失。

（3）知识转移引发的"个体膨胀"问题

众所周知，知识转移有助于丰富个体的知识广度，提高个体能力，但也会因此产生一些意外的负面问题。比如说，个体在知识转移活动中实现了个人能力的提升，有时就会出现各种"各怀鬼胎""自以为是"的不良现象，使得很多集体的事情无法达成共识，这就是知识转移所导致的"个体膨胀"问题。个体膨胀源于知识转移活动的受益，但也会带来知识转移的负面后果。个体膨胀往往会增加组织的管理难度，特别是无法制定统一的规章制度，指引个体成员开展活动，也无法有效形成统一的价值观。此外，部分个体成员不遵守统一的工作制度，还会导致无法达成集体行动的共识，无法有效形成集体行动的凝聚力，从而阻碍集体目标的实现。

2.4.4 知识转移的影响因素

回顾以往关于知识转移的研究，一方面，存在个体理性与集体理性的冲突，影响知识提供者分享和转移知识的意愿，从而影响知识转移的进程和效率；另一方面，知识具备无形性、隐晦性等特征，使得转移双方的知识转移行为无法被第三方观测和评价，从而制约或降低知识转移反复发生的概率。在此情境下，我们必须意识到知识转移的影响因素既可能是单因素，也可能是多重因素叠加。

Baker 认为知识转移的经济激励机制并非是一种理想的刺激方式，有些人为了获得经济奖励而只进行显性知识转移，并降低在非正式场合和情境下的知识转移行为，反而会产生知识转移的"扭曲激励问题"。关于影响个体间知识转移的因素研究主要可以分为以下几个层面：经济性因素、社会性因素、社会—经济复合型因素。必须指出的是，这三个层面的影响因素虽各有侧重，但不能以绝对的关系对立起来，它们互相构成了对知识转移影响因素的全面理解。

（1）经济性因素

早期关于个体间非正式知识转移的研究，更多的关注知识转移的双方在知识转移行为中获得的经济收益，是一种经济利益驱动下的转移行为。经济利益的获取是影响知识转移行为发生的先决条件。换句话说，知识转移双方往往是基于彼此之间私人的经济交换行为，以双方获得经济收益为主要目的。Hippel 认为，如果个人的知识转移会伤及自身经济利益，同时带来经济的不确定性和风险，个体间知识转移行为就会终止。相反，如果知识转移行为会给双方带来可预见的、乐观的经济预期和收益，提高双方知识转移的信心和期望，那么知识转移活动就可以如期进行。Schrader 在其研究中也证实了上述观点。此外，如若知识转移可以给双方带来乐观的经济预期，在这种前提下，知识转移的内容、时间和方式等也可以随时根据双方的需要来调整与确定，不再受限于呆板的形式，大大增强了知识转移行为的灵活度。

经济性因素主要阐释了经济利益的获取是影响知识转移的唯一准则。然而，以经济目的为导向的知识转移，往往因为经济收益的权衡比较无法达成共识。这种情况一方面制约个体间知识转移行为先决条件的形成，另一方面也会阻碍双方各自知识转移最初目标的实现，以及双方未来继续开展知识转移活动的概率。这种研究观点毋庸置疑也遭到了部分学者的质疑和批评。Bouty 指出经济利益的追求是影响和决定个体间知识转移和交换的唯一标准，这值得商榷和怀疑，因为个体知识的经济价值是难以计算和量化的。单纯考量经济利益，可能会导致彼此双方对经济价值认定和评估的失衡，未能达成双方均认可的共识，从而影响转移的意愿和信心。同时，个体因不确定性的存在，无法掌握足够的、充分的信息去评估知识交换和转移产生的经济利益得失。从这一层面来讲，经济利益获取之外的其他因素影响知识转移行为必须引起关注。此外，必须指出的是，单纯的经济利益获取往往会忽视个体间知识转移和交换的社会内涵，弱化人际情感之间的"无形积极效应"。我们必须认识到，个体之间知识转移能够建立深厚的社会关系，也是建立友谊和信任关系、提高个人声誉的有效途径。因此，个体间知识转移行为更具社会交换的内涵，有高于"理性经济人"的价值追求。

（2）社会性因素

社会性因素是指知识转移中，经济利益的获取并非是影响个体间开展知识转移的主要因素，社会交往、社会关系中的其他一些潜在因素会高于经济因素，从而促进或者制约个体间知识转移。正如 Garnovetter 指出，个体间知识转移作为一种典型的交换行为，往往嵌在社会关系结构中，具备社会交换的特征。因此，影响个体间知识转移的社会性因素同样不可忽视。Blau 指出，社会交换是一种不同于经济交换的交换方式，交换双方彼此之间无须预先保证或者履行交换的特定义务，没有软性约束，它往往建立在彼此信任、友好的基础上。因此，影响个体之间知识转移的社会性因素，相对于经济性因素而言，往往能增加彼此之间信任感、感激感和责任感。相对于 Hippel 等强调知识转移的经济性因素，知识转移活动中的社会性影响因素还能促使个体通过信息或者知识的转移开发个体的社会关系网络和资源，同时攫取涵盖知识、合作等更加丰实的社会资源。其中，诸多学者指出信任是影响个体知识转移的一个很重要的社会性因素。有学者强调，信任是个人的一种心理状态，其中，风险相伴和相互依赖是信任产生的必要条件。在具体知识转移过程中，个体间一旦建立起良好的信任关系，就能激发知识交换的意愿，促成更多的知识交换行为。进一步，个体间也愿意主动转移有用的知识，并自愿吸收对方的知识。同时，信任有助于减少对知识的审核，降低知识转移的成本，提高知识转移的效率。Levin 和 Cross 通过实证研究表明，信任作为一个重要的社会性因素，是个体间知识转移的干预变量，信任有利于彼此双方知识的吸收和利用。Zand 在其研究中也发现信任将在知识转移过程中发挥作用，使转移方降低对同伴行为的控制，同时接受对方对自己施加的影响，这将提高转移双方之间知识转移的时效性和精确性。正如 Andrews 研究指出，信任在知识转移过程中扮演的角色和重要性甚至超过了建立的正式合作机制。信任不仅能提高双方知识转移的意愿，还能使得彼此双方频繁沟通，促进知识转移更加快速和容易。反之，Szulanski 研究发现不信任将对知识转移产生明显的负面作用，成为制约知识转移的主要障碍之一。

"强联系"是研究知识转移影响因素的另一个重要要素。有学者指出，个体间缺乏直接联系或者交流不频繁都是制约知识转移的重要影响因素。"强联系"的观点强调强的人际联系能降低个体间知识转移的难度，提高知识转移的快速性和有效性。有学者指出，强联系主要通过以下几种方式影响知识转移的过程：①个体间交流比较频繁或者情感依恋比较强烈，他们也更愿意转移和分享知识，特别是情感依附所形成的关系会显著影响彼此互助和分享的意愿与动机；②基于互惠的期望，以及对维持和谐关系的期望，使得彼此双方愿意付出更多的努力、承担更大的责任来实现知识转移；③强的人际关系和依附还能促进信任的产生，提高对对方的承诺以及为实现承诺付出努力。社会交往中，彼此之间的人际互动和联系能催生更频繁的知识交换与转移行为，并愿意为知识转移活动付出更大的努力，确保知识接收者对知识的充分理解。综上所述，强联系是个体间构建良好信任关系的一种凭借。

另外，关于知识转移社会性影响因素的观点还指出，知识转移有助于个体间产生互惠行为的倾向，形成对善意的行为进行回报，而对恶意的行为进行惩罚的默认契约。相比于以往知识转移行为更多地强调为了追求个人利益最大化的观点，互惠行为则通过以报答对方和回馈对方的方式促进双方利益最大化。此外，双方对公平的追求还有助于促成互惠意愿和行为，从而建立合作关系。这种互惠合作关系将有助于进一步缓和个体间的矛盾，减少冲突，进而促进双方共同福利的扩张性发展。

社会性影响因素的研究将个体间知识转移的社会维度纳入研究范畴，关注知识转移的社会性特征，特别是知识转移前后个体间社会关系的变化和作用。当然，知识转移的社会性影响因素的研究同样遭到了批评，认为较少关注个体间的经济关系，个体行为的经济动机被忽视。尽管 Bouty 对知识转移的经济利益追求观点提出批评，但依然有大量研究证实，经济利益的追求依旧会影响个体知识转移行为的发生和进程。

（3）社会—经济复合型因素

社会—经济复合型因素是指知识转移活动中，同时关注个体间转移的社会性和经济性的观点，使得个体知识转移既讲求经济性，又追求社会性。Bouty 研究指出，个体间的竞争度、熟悉度和信任度是影响个体知识转移的三个关键变量。这三个变量共同决定了个体对知识转移对象的选择。知识转移作为一种典型的交换行为，Bouty 还发现个体很少会将不太熟悉的人或者直接的竞争对手作为知识转移的选择。显而易见，倘若彼此之间不太熟悉，那么知识转移的双方容易形成心理隔阂和质疑，也容易因为各种顾虑停止知识转移行为；而面对直接的竞争对手，知识转移双方因担心对手获得新知识，使得出现对方实力增强、自己暴露弱点等"此消彼长"的现实挑战，不会参与知识转移活动。因此，在知识转移活动中，人们也往往会根据不同的转移对象、不同的转移目标而选择不同的转移方式。在逐利转移和交换中，知识转移的唯一标准和目的是实现自我利益的最大化；在社会性的转移和交换中，个体追求长期的互惠合作，渴望构建稳定的合作模式，摒弃短期的一锤子买卖行为，通过建立持久的互惠合作关系获得彼此双赢。因此，两种转移和交换逻辑的融合不仅能适应不同的对象，而且也能根据转移的目的选择不同的交换内容和方式，达成各自理想的目的，实现各自长远的目标。此外，Kachra 在研究个体间知识转移时，同时融合了经济和社会两种角度，发现经济性因素和社会性因素会对个体间知识转移的互惠预期同时产生作用，进而影响个体的决策。因而，这也意味着个体必须在两者之间做出权衡和选择。同时，这种选择也体现出个体在知识转移行为中的价值取向。

社会—经济复合型影响因素的观点弥补了原先两者单独研究个体间知识转移行为存在的缺陷和不足。社会—经济复合型影响因素的研究视角兼具个体的"经济人"和"社会人"的角色，更加贴近现实。此外，兼顾经济因素和社会因素会使问题变得复杂化，例如社会性因素强调关系强度的影响，同时又会忽略社会竞争对个体行为决策的影响。但是，总的来说，社会—经济复合型影响因素的观点依然为研究知识转移的影响因素提供了一个更好、更现实的研究视角。

2.4.5　知识转移与旅游研究

旅游创新发展的前提是知识共享，而知识只有转移才能实现知识共享。知识转移就是通过知识识别、采集、共享、适应和采用等阶段促进知识创造和知识应用，知识转移的最终目标就是知识应用。旅游业是一个基础性服务产业，其管理实践高度聚焦于有效的信息和知识的交换与转移。以往研究中指出，旅游领域的知识主要包括内部知识源和外部知识源。其中，内部知识源包括高级管理者、景区员工、其他旅游从业者等；外部知识源包括游客、供应商、旅游协会成员、其他旅游景区工作人员、其他商业部门人员等。

随着互联网、物联网、云计算等多种新技术的发展并与旅游深度融合及应用，信息技术、信息系统和社会媒介被视为一种重要的协调机制，这一机制能推动信息和知识更容易在目的地内流动，更多环境数据可以实时传送，更多意见可以共享。智慧旅游目的地也正是在信息技术与旅游融合发展的基础上诞生的。一个智慧旅游目的地可以被认为是一个以知识为基础的目的地，信息通信技术、物联网、云计算和终端用户网络服务系统是用于提供工具、平台和系统，为所有利益相关者创造一个更为系统和有效的传播知识与访问信息的方式，并提供允许他们更多参与创新过程的机制。正如 Nam 和 Pardo 所说，知识是一个智慧旅游目的地的核心要素。以知识为基础，提供智能平台并在当地利益相关者之间收集和发布信息，能促进旅游资源的有效分配。

知识转移对创新和竞争力的重要性在酒店业已受到广泛认可。研究兴趣主要聚焦于酒店知识管理及其对服务和品牌等的影响。酒店是一个以人为本的服务性行业，有效的知识转移对于确保服务一致性、游客满意度和品牌忠诚度具有重要作用。

此外，在旅游景区发展过程中，诸多学者发现空间集聚和空间距离等在旅游景区中对于促进知识转移与创新中扮演着重要作用。学者们考察了认知距离、社会距离、制度距离、地理距离、文化距离和经济距离对促进旅游景区知识转移的效应。Sørensen 认为不同旅游景区和企业提供不同产品的这种关系，具备更好的知识交换和创新能力。不同的景区需要不同的知识输入和转移，以确保旅游产品质量的升级。

2.5 社会资本理论

社会资本理论是一个宏大的社会学理论，从诞生至今经过数百年的发展、几代学者的共同努力，社会资本理论已被广泛应用于社会学、管理学、政治学、经济学、文化学以及哲学等多个领域，逐渐成为多学科乃至跨学科研究的一种理论研究范式。本书也将社会资本理论引入旅游学领域，探索社会资本在知识转移和社区居民旅游支持态度关系中的效应。

2.5.1 社会资本的概念和内涵

大量的社会学先驱对社会资本概念的探索，为后续研究奠定了重要的学术基础，也为解释诸多社会学、管理学等领域的现象提供了一个很好的解释框架。关于社会资本的概念的探索和研究，诸多学者前赴后继数百年，形成了丰富且卓越的成果。总体上来看，可以划分为以下几个流派：社会资本的资源观、能力观和规范观等。

（1）社会资本的资源观

从 20 世纪初，国外学者开始对社会资本的概念开启了拓荒性的研究，并形成了丰厚的乃至诸多里程碑式的成果，为后来者继续深化研究以及被引入其他学科的研究铺平了道路。最早明确提出社会资本概念的，同时也是备受学界认同的是 Hanifan。Hanifan 于 1916 年率先提出了 "social capital" 一词。Hanifan 将社会资本定义为社会生活中一种重要的资源，是个体和家庭——这种社会的基本单元——在不断的社会交往和互动过程中所形成的良好愿景、伙伴关系、互动往来等。同时，这种资源能在个体和家庭中产生纽带作用。Hanifan 对社会资本的定义强调了其是一种有利于个体和家庭发展的资源形式。Jacobs 将社会资本定义为"街区邻里之间形成的社会网络"。这也为后续研究将社区邻里关系构成的社会网络作为研究的重点提供了方向。法国社会学家 Bourdieu 作为社会资本理论研究的里程碑式人物，将社会资本定义为"社会网络成员或集体拥有和共享的实际的或潜在的资源集合，它能为集体内的每位成员提供支持或者帮助"。Bourdieu 将社会资本界定为一种资源，这种资源可以为个体和社会创造价值，带来个体和群体利益或者福利的增加。这种观点为后来的学者研究提供了一个重要的研究方向。美国社会学家 Coleman 指出社会资本是由一系列社会结构各个要素的不同实体组成，并能为个体行动者提供便利的资源。社会资本作为一种资源逐渐得到更多学者的认同。Nahapiet 和 Ghoshal 将社会资本

定义为"嵌在个体或者社会群体中的关系网络中的现实的或潜在的资源总和"。Adler
等指出，社会资本是由社会关系所产生的个人和集体资源，这种资源往往受益于稳
定的社会关系。此外，社会学家 Lin 认为"社会资本是一种投资在社会关系中并渴
望获得回报的资源"，并强调社会资本是一种社会关系。社会资本也吸引了国内学
者的关注和研究。张其仔将社会资本定义为社会结构中的关系和网络，这种网络能
集聚和提供资源。此外，杨永福将社会资本界定为"嵌在社会结构中的资源"，并指
出，这种资源有助于促进个体的交易与协作等活动从而给个体带来各种效益。社会
资本的资源观强调了社会资本是个体或者群体的一种重要资源，能为个体或群体在
社会交往和行动中获取资源和创造价值。

（2）社会资本的能力观

Portes 认为社会资本是个体在关系网络中获得各种稀缺资源的能力，这种能力
还能发展社会关系。朱国宏也持类似的观点，他也认为社会资本是个体的一种能力，
是个体鉴于自身的社会关系来获得或者攫取稀有资源的能力。这种观点也得到其他
学者的响应。边燕杰和丘海雄也强调了社会资本是一种获取资源的能力，是行动主
体与社会的联系以及通过这种联系获取稀缺资源的能力。顾新、郭耀煌和李久平则
对社会资本定义为强调过程的结果，即社会资本是两个以上的个体或组织，依托社
会关系来获取稀有资源的能力。Coleman 认为社会资本是人与人之间的一种关系，
这种关系能为关系网络内的个人行动提供帮助和创造便利。同时，个人通过对社会
关系的投资可以不断发展、积累和增加社会资本。社会资本的能力观显示了个体或
者组织为创造更多价值通过社会关系网络获取资源的能力。

（3）社会资本的规范观

Putnam 认为社会资本是人与人之间的关系，如信任、规范和网络等能够通过促
进合作行动，实现互利共赢。Putnam 对社会资本的定义强调了公民意识和精神，提
出了较为细致的社会关系准则，如同一个"关系银行"。Francis Fukuyama 认为社会
资本是一种有助于个体间互相合作的非正式规范，这种非正式规范体现为互惠性，
在个体不断进行社会交往中出现，能促进个体的合作行为。李惠斌和杨雪冬认为社
会资本是以信任、规范和网络为核心价值形成的具有生产性的社会网络。社会资本
的社会规范观将规范、规则、网络、信任、制度等视为社会资本的核心要素，这些
要素会对社会结构和社会生产发挥功能性作用。

通过梳理国内外社会资本的概念和内涵，形成了这几个较有代表性的观点：社
会资本的资源观、能力观、规范观。有学者指出，真正对行动者有价值的是关系所

联结的各种社会资源。社会资本概念的研究也经历了从"以个体为中心"向"以社会为中心"的演变，从追求个体所能掌握和获得的资源与关系网络向社会共同的信任、规范、信念、价值观递进。毋庸置疑，社会资本这种研究思路和范式的转变为以后诸多学科的研究引入社会资本理论打开了一扇新的视野天窗。本研究认为，在乡村旅游情境下，社会资本是指乡村社区网络中社区居民之间非正式的信任、互惠、规范、共同愿景等共同构成的社会关系，这种社会关系能激发社区居民的归属感和凝聚力，并在乡村旅游发展中促进社区居民互相支持和共同行动，从而提升居民旅游支持态度。

2.5.2 社会资本的测量

社会资本理论成为管理学和社会学等学科的主要研究理论基础，一方面源于诸多学者对其概念和内涵做了深入的探讨，提升了社会资本理论的理论应用价值；另一方面，学者还对社会资本的具体测量指标进行大量有益的探索，形成了丰富的成果，大大推进了社会资本理论在实证研究中的应用进程。本书重点从宏观、中观和微观三个层面，回顾和梳理了社会资本理论的主要测量指标和维度，在此基础上指明本研究的测量方法。

（1）宏观层面的社会资本测量

关于宏观层面的社会资本的测量主要体现为地区和国家的社会资本。信任这一要素是很多学者测量宏观社会资本的核心要素。这种观点得到了很多学者的证实。例如，Whiteley 认为信任是测量国家社会资本的唯一元素。Fukuyama、Cohen 也将信任作为测量社会资本的核心指标。Knack 和 Keefer、Guiso 等则用信任、合作准则和协会作为核心指标来测量国家社会资本。他们的测量方式都强调了信任的作用。另外，Brehm 和 Rahn 也将信任视为测量社会资本结构模型的关键指标。张俊生和曾亚敏以地区信用程度这一主要指标研究地区社会资本对区域金融发展具有正面影响作用。Sabatini 使用强家庭纽带、弱非正式纽带、非官方组织、政治参与和公民意愿这五个指标对社会资本进行测量。宏观层面的社会资本测量研究为发挥国家和区域性经济社会效应提供了一个重要方向，也为指导中观层面的社会资本研究打开了研究之窗。

（2）中观层面的社会资本测量

关于中观层面的社会资本的测量更多的是关注于企业社会资本、社区社会资本、集体社会资本等能提高群体成员的社会福祉的研究。

其中，社区层面的社会资本是国内外的主要研究领域之一。Onyx 和 Bullen 从社区参与、信任和安全、邻里联系、社会能动性、个人价值、工作联系、朋友和家人之间的联系、对差异的容忍度等方面，较为完整地指出了社区内社会资本的内涵。与之类似，Harpham 也对社区社会资本的内涵提出了以下几个主要指标，即信任、互惠、网络、社会支持、非正式社会控制。同样，DeSilva 认为社区社会资本包含信任、社区归属感、社会网络、参与社团、社会凝聚力、社会支持、参与公共事务以及家庭社会资本等 8 个维度。Kawachi 等总结了信任、互惠、社会支持、参与社团和组织、社区归属感、社区凝聚力、自愿活动 / 志愿主义、非正式社交活动等是社区社会资本的主要维度。

国内诸多学者也对中观层面社会资本的测量进行了有益探索，并形成了诸多颇有价值的研究成果。桂勇和黄荣贵以上海 50 个社区样本为例，研究发现，社会资本涵盖信任、互惠、参与地方性社团或组织、地方性社会网络、非正式社会互动、志愿主义、社会支持、社区凝聚力和社区归属感等多个维度，并对各个维度的测量指标进行了分析。裴志军在其研究中指出，测量乡村的社区资本时建议选择居民的普遍信任与规范信任、正式网络与非正式网络、共同愿景与社会支持 6 个指标。罗家德和赵延东从信任、社会规范、社会网络结构等方面来测量集体社会资本。此外，部分学者对企业层面的社会资本测量进行了重点研究。石军伟、胡立君和付海艳将企业的社会资本划分为企业家的社会资本、组织的社会网络资本和特有的关系资本。与之类似，边燕杰和丘海雄也强调从三个方面测量企业的社会资本，分别是企业法人代表是否在上级领导机关任过职、企业的法人代表是否在跨行业的其他任何企业工作过及出任过管理与经营等领导职务、企业法人代表的社会交往和联系是否广泛。Luo Xueming 等则从客户关系、商业合作伙伴、政府关系来衡量企业的社会资本。张方华主要从横向、纵向和社会关系资本测量企业的社会资本。张其仔认为以企业间的互相合作程度的高低来测量企业的社会资本。中观层面的社会资本测量研究一方面是作为宏观层面社会资本测量研究的延伸与细化，另一方面也为中观组织这一社会中坚力量拓展社会价值提供了一个好的研究工具，同时还为微观层面的社会资本测量研究提供了一个好的框架。

（3）微观层面的社会资本测量

个体层面的社会资本测量是微观层面的社会资本测量研究的主体，同时个体层面的社会资本测量也是最具理论和实践价值的，吸引了大量学者前赴后继的有益探索，形成了甚为可观的累累硕果。社会学家 Bouedieu 指出两大因素决定了个体的社会资本：①个体能利用的社会网络关系的幅度，注重"质"；②网络关系中成员所拥有的其他各种资本的数量，强调"量"。Bouedieu 对社会资本的定义强调了关系网络的观点。Nahapiet 和 Ghoshal 将社会资本划分为三个维度：一是关系维度（relational dimension），是指关系本身的性质和根植于关系中的资产；二是结构维度（structure dimension），主要考察社会网络中成员之间的联系对个体行为的影响；三是认知维度（cognitive dimension），是指社会关系中共享的价值观与共同愿景等对集体目标和行为方式的理解。Nahapiet 和 Ghoshal 的社会资本三维度的解读和测量，备受后续学者的推崇，大量的学者广泛引用这两人对社会资本的划分和测量并进行大量的实证研究，验证了 Nahapiet 和 Ghoshal 的社会资本测量的有效性和普适性。Uphoff 和 Krishna 将社会资本划分为结构性社会资本和认知性社会资本两个维度，并从这两个维度采用具体指标进行测量。Lin 将社会资本视作一种网络资产，并主张从嵌在社会网络中资源的异质性、个体与网络的关系强度和个体在网络中的位置三个维度来测量社会资本。Beck 构建了测量个体社会资本的四个主要指标，即网络的规模、成分、结构和侧重点。此外，国内学者边燕杰强调网络构成、网络规模的大小、网络顶端的高低和网络位差的大小这四个因素决定了个体的社会资本。与之类似，张文宏主张个体的社会资本测量可以从社会网络的规模、密度、异质性、趋同性和角色关系种类等方面入手。王卫东采用网络规模、网络密度、网络成员中的最高 ISEI 网络等 7 个指标来测量个体的社会资本总量。微观层面的社会资本测量研究重点聚焦于个体的社会资本，为个体发展社会关系、积累社会资本提供了一个较为完整的研究思路。

2.5.3　本研究采用的测量方式

尽管学术界没有对社会资本形成统一的定义，但从前人的探索和研究中，我们依然可以窥出一个明显的脉络：信任、关系网络、社会规范、互惠原则、集体行动、共同的价值观和共同愿景等依旧是学者们关注社会资本的核心要素。社会资本理论也为旅游研究提供了一个很好的理论框架，为解释和剖析社区居民个体间的社会交往行为、旅游经营与合作行为等提供了一个很好的理论基础。社区是人际互动频繁的社会空间，隐含着"关系亲密、守望相助和富有人情味"等社会内涵，社区是一个充满和谐人情味的小型社会。Etzioni 指出"以情感为黏合剂的社会网络"与"成员间共有的规范和认同"是社区的两大基本要素，社区应该是一个有共有规范和价值观或者愿景指引的人际关系和睦的区域性场所。孙立平认为社会资本能激发社区的内涵，能有效促进乡村社区的可持续发展。社会资本理论强调信任、规范、共同愿景，促进集体行动。Granovetter 强调社会资本创造了经营活动中的信任，人们的生产与经营等经济行为往往是嵌在社会资本的信任结构中。因此，一个乡村社区发展目标的实现必须建立政府、社会组织和社区居民互相信任、互惠与认同的共同体。

基于上述分析，Nahapiet 和 Ghoshal 将社会资本划分为关系维度、结构维度和认知维度的三个维度框架，为研究乡村社区层面的乡村旅游以及居民旅游支持态度等实证研究提供了一个较为完整的、适用性和操作性兼顾的理论框架。

在 Nahapiet 和 Ghoshal 的社会资本理论框架中，社会资本关系维度是指关系本身的性质和根植于关系中的资产，关系维度特别关注嵌在人们长期社会交往所形成的社会关系中的资源，包括信任、规范、认同等。社会资本关系维度主要聚焦于个体通过社会交往等方式发展社会关系，从而对个体或者群体产生的影响。其中，信任是社会资本关系维度中的核心内容，它是个体间社会交往和行动的基础，决定了个体间社会交往的意愿，也影响着个体间互动和交往的频率与程度。信任有助于个体在社会交往中主动消除戒备心理，同时愿意付诸共同行动，努力实现目标。

社会资本结构维度是指网络内行动者之间的联系模式，主要考察社会网络中成员之间的联系对个体行为的影响。社会资本的结构维度有助于回答个体希望同谁达成共识、为什么与他达成共识以及如何达成共识的问题。社会资本的结构维度强调网络中个体间的联系方式，这种方式有助于建立和加深社会关系与生活联系，从而有助于降低联络和沟通成本。同时，个体往往为了实现目标依靠关系网络获取资源。互惠合作是社会资本结构维度的重要内容。当双方都各自拥有和掌握有利于对方的资源时，容易产生互惠合作的倾向，并能快速激发和提高互惠合作的意愿，进而促进实施互惠合作的行为。

社会资本认知维度是指社会关系中共同的语言与编码、共享的价值观与共同愿景等对集体目标和行为方式的理解，主要体现的是成员集体遵守和认可的共同准则、共享价值与规范。其中，共同愿景是社会资本认知维度的重要指标。共同愿景有助于在个体间形成一种无形的、默认的道德与行为约束，能激发个体共有的自律行为，提高个体的集体行动意识。同时，共同愿景还能帮助个体加深对集体目标和行动的认识，引导个体之形成共同理解，有助于构成个体间共同行动的基础。

Nahapiet 和 Ghoshal 对社会资本的划分方式，有效弥补了以往研究对社会资本界定单维度化、片面化等缺陷，他们对社会资本通过多维度的划分、多指标的阐释，丰富了社会资本的理论内涵。综合来讲，Nahapiet 和 Ghoshal 对社会资本主要维度的阐释见表 2.1。基于上述分析，本书将重点探讨以人际信任、互惠合作、共同愿景为要素的社会资本与知识转移和居民旅游支持态度之间的关系。

表 2.1　Nahapiet 和 Ghoshal 对社会资本研究维度的划分

项目	关系维度	结构维度	认知维度
内容解读	关系本身的性质和根植于关系中的资产	网络中成员之间的联系对个体行为的影响	共享的价值观与共同愿景等对集体行为方式的理解
关键构念	信任、规范、义务、认同、约束等	网络连接、网络形态、互惠、中心性、合作等	共同语言、共同叙事方式、共同愿景、共享规范等

注：资料来源为 Nahapiet 和 Ghoshal 修改整理。

2.6　社会资本、知识转移与居民旅游支持态度的关系

2.6.1　社会资本与知识转移

个体所拥有的知识通常带有一定的私人属性，知识也往往嵌在个体的社会关系和社会交往之中。知识转移是一个较为复杂的社会交换过程，往往需要借助社会资本在个体间架起转移的桥梁。社会资本能帮助个体与他人之间建立紧密的社会关系，个体在不断的社会交往中，嵌在社会关系中的知识能得到有效开发、整合、互动和再利用，从而促进知识的转移和交换。因此，社会资本理论为研究知识转移提供了一个很好的理论基础。

诸多研究证明社会资本对促进知识转移具有显著的积极作用。Mayer 等研究指出信任作为社会资本的核心要素，是影响个体知识转移的一个很重要的因素。当双方建立信任关系，就能激发知识转移和交换的意愿，促成更多的知识转移行为。这种观点也得到了其他诸多学者的认同。Levin 和 Cross 通过实证研究表明，信任作为一个重要的因素，是个体间知识转移的干预变量，特别是基于能力信任基础上的知识转移，更利于双方知识的吸收和利用。Sankowska 等在其研究中发现，信任不仅能有效增加个体间知识交换的数量，还能提高知识交换的质量，进而有效促进知识转移。缺乏对合作伙伴的信任是阻碍知识转移的重要因素。Blau 指出，建立在彼此之间信任、友好基础上的社会交换行为无须硬性的约束就能促进知识转移。与之类似，Andrews 也认可这样的观点，他强调信任在知识转移过程中扮演的角色和重要性甚至盖过了建立的正式合作机制，信任能使诸多硬性的约束变为软性的友好约定，从而促进知识转移。

Granovetter 曾指出，个体间往往基于互惠的期望，以及对维持和谐关系的期望，

使得彼此愿意付出更多的努力、承担更大的责任来实现知识转移。个体成员拥有的社会资本能为个体间知识转移提供联络的社会纽带，同时也能为个体间创造合作共享的社会动力。而个体间知识转移又能反哺个体的社会资本，尤其是提高个体在互惠合作等方面的社会资本的积累。互惠行为还通过实施报答的形式，对方利益会最大化，自己利益未来会最大化。此外，双方对公平的追求有助于促成互惠行为，从而建立合作关系。因此，个体间坚持合作共赢、互惠互利的信念，才能使知识转移达到事半功倍的效果，大大提高个体的能力。伍晓玲和周明在其研究中也指出，知识转移的提供方和接收方之间并非是孰优孰劣的问题，而是互利互惠的关系，他们可能互为接受者和提供者，同时双方也都是知识转移的受益者。因此，互惠合作能积极促进个体间知识转移。此外，社会资本有助于组织成员间达成共同愿景，引领组织成员之间构建起多样化的正式或者非正式的联系通道，从而促进知识的相互交换和转移。同时，知识转移也能促进成员对目标或者愿景的共同理解，实现共同愿景和知识转移的良好互动的共生关系。简世德、张美荣和冯丽莎在其研究中指出个体掌握的知识具有高度的嵌入性，也具有相对的主观隐秘性。因此，个体间知识转移需要在共同的价值观和共同愿景指引下，通过共同的活动和语言来交流经验和分享心得。

上述研究表明，社会资本如同催化剂，在知识转移过程中，不断地与各种社会元素发生反应；社会资本又如一个通道建立器，不断地在个体间建立社会关系，不断地促进个体进行社会交往。在此过程中，社会资本能有效清除知识转移的种种障碍，增强知识转移的动力；同时，还能提高知识转移的效率，实现个体知识转移的目标。

2.6.2　社会资本与居民旅游支持态度

社会资本理论作为一个适用于多个学科、具有强大解释力的理论框架，为旅游领域的研究提供了一个很好的研究视角，也为乡村旅游情境下研究居民旅游支持态度提供了理论基础。

在乡村旅游发展中，Brunie 认为乡村社区的社会资本具体表现为以信任、规范和情感为纽带的社区凝聚力，这种凝聚力是社区发展的重要资源，能够显著增加社区居民的福祉。不少研究证实，社会资本是社区居民参与和支持旅游发展的一种重要资源，社区居民之间的信任程度高低、人际关系和谐与否、社区认同感和归属感强烈程度高低等都会不同程度地影响社区居民参与旅游和支持旅游发展的程度。我们必须清醒地认识到，乡村旅游发展过程中引发的社会、经济、文化等各类问题都会以公共事务的形式出现在社区居民的面前，在此情境下，社会资本高的社区往往能促进社区居民形成强大的合力，相对轻松地克服和解决这些问题，给社区居民带来更大的自信心和认同感，从而对旅游发展形成较为积极的支持态度。此外，社会资本还能通过提高社区居民对旅游发展的满意度促进社区居民支持旅游发展。Vargas-Sanchez 等通过比较基于旅游发展的收益和成本发现，社区居民之间的信任关系能够显著提升社区居民对旅游发展的满意度。这种满意度能形成社区居民对旅游发展的正面评价，从而提升社区居民对旅游的支持态度。与之相反，他们发现满意度的负面感知会降低居民旅游支持态度。Andereck 和 Vogt、Huh 与 Vogt 也通过居民对旅游业正面及负面影响的感知来研究居民对旅游业的支持态度。Nunkoo 和 Ramkisson 指出，对旅游发展满意度低的社区居民，往往对旅游发展产生的负面影响特别敏感，这种负面影响会影响他们对旅游发展的认知和评价，从而降低他们对旅游发展的支持态度；相反，对旅游发展满意度较高的居民，也往往能形成较为积极的支持态度。

此外，社会资本还会通过影响社区居民的旅游参与意识进而影响社区居民对旅游发展的支持态度。卓玛措等以青南高原藏区的乡村社区为例，研究发现在社会资本较高的社区，社区居民之间的关系往往比较融洽，社区居民之间的信任程度也会较高，在这种情况下，乡村社区往往成为一个和谐社区的典范。当社区居民的社会资本较高时，居民参与乡村旅游的意识会得到大大提高，也会对旅游发展抱以更高的期许，也更加愿意支持乡村旅游发展。时少华以北京什刹海社区为例，发现社会资本对社区居民参与旅游的意识和参与旅游的程度都有显著影响。其中，特别需要指出的是，在社会资本较高的社区，社区居民之间的互相信任程度往往较高。同时，社区内部能形成较为一致的规范认同与价值观，构建起社区居民之间良好的社会关系，增强社区居民集体参与旅游的意识。同时，社区内部居民之间的相互信任、共同规范、认同程度和其他社会关系等，也会成为社区居民自觉保护乡村资源、支持旅游良性发展的动力。在社会资本高的乡村社区，社区居民基于共享的价值观和规范，倾向于实施符合集体目标的个人行为，会主动地保护乡村社区旅游发展所依赖的环境和文化资源，积极支持整体乡村旅游的发展。相反，在社会资本较低的乡村社区，由于缺乏社区居民共同认同和遵守的规范，社区居民之间无法有效建立良好的信任关系，集体意识往往比较淡薄，集体行动很难统一，个人逐利行为占据更重要的位置，就会出现社区居民单兵作战的旅游经营行为，甚至出现彼此互相拉客、宰客等恶劣现象，从而无法形成共同支持旅游发展的合力。

总而言之，社会资本较高的社区，往往有助于社区居民之间建立良好的信任关系，形成统一的备受社区居民认同的价值规范体系，促进社区居民放弃片面追求个人私利的思想和行为，增强居民参与集体行动的意识，激发居民的集体行动，从而提升居民支持旅游发展的积极态度。

2.6.3 知识转移与居民旅游支持态度

当前，关于知识转移在旅游领域的应用研究主要在酒店和旅游景区领域取得了较多成果，这些研究主要探讨了知识转移对酒店管理效率、服务品质的提升，以及知识转移对旅游景区服务质量的影响等。然而，在乡村旅游情境下，知识转移在乡村社区层面的研究依然较少，特别是知识转移对社区居民的影响研究依然匮乏。知识转移对乡村旅游与居民旅游支持态度的重要价值也开始引起关注。在乡村旅游发展中，社区居民需要汲取和发挥知识的力量来提升旅游经营和发展水平。知识的转移和共享有助于社区居民积累最佳的实践经验和管理方法，还能促进社区居民创新旅游产品和提高旅游服务品质。换句话说，知识将成为乡村旅游创新发展的动力，成为提升居民旅游支持态度的重要推力。纵观世界旅游发展史，旅游领域往往因个体间缺乏信任、合作以及较弱的学习环境，导致旅游发展中出现壁垒多、约束多等问题，很难形成良好的个体互相学习的氛围，也缺乏集中学习和交流的渠道，从而导致无法进行知识转移和旅游创新。乡村社区作为重要的旅游目的地，由小企业、小组织（由诸多个体或家庭组成）组成，社区居民是乡村社区的主体，有效的信息和知识在社区居民之间转移与共享，对目的地旅游竞争力的形成具有重要作用。

Davis 等研究表明，社区居民对旅游知识及当地经济了解的程度影响其对待旅游业发展的态度。Pizam 和 Milman 研究发现，社区知识水平会影响社区居民的旅游支持态度。而社区知识水平往往是由社区居民的知识通过互相转移和分享得到积累和提升。正如 Bærenholdt 和 Haldrup 在其研究中指出，社区居民是不同知识的来源。这也充分表明居民之间互相转移和分享知识对社区与旅游发展的重要性。社区居民之间的知识转移还有助于增强社区解决旅游发展事务的能力，共同应对社区旅游发展的问题，形成社区居民对旅游发展的凝聚力，促成社区居民对乡村旅游发展的共同使命感，从而提升社区居民对旅游发展的支持态度。

因此，理解知识转移对于社区居民来说非常重要，知识转移的价值在于把实践证明有效的知识或技能应用到不同的情境中，以提高知识的产出效应。然而，真正去检验和验证知识转移对居民旅游支持态度影响的实证研究依然匮乏。我们必须认识到，知识转移既能实现知识的再改造、提高社区居民的创新能力，又可以内化为社区居民自身的素养，提升社区居民对社区旅游发展价值的认知水平，形成社区居民对旅游发展的共识和凝聚力，提高社区居民对旅游发展的支持态度，最终推动乡村旅游可持续发展。

2.7　文献述评

围绕本研究内容，本章详细回顾了有关社区居民旅游支持态度的内涵与测量，总结了影响知识转移和居民旅游支持态度的主要因素，梳理了社会资本、知识转移和居民旅游支持态度影响关系的相关进展，阐述了本研究赖以层层开展的主要理论基础。通过对上述文献的梳理和总结，本书认为未来应该在以下几个方面寻求新的创新和突破。

以往对居民旅游支持态度的研究大多囿于基于社会交换理论的"收益—成本"评估的窠臼，亟待引入更多的经典理论来拓宽研究视域。以往相关研究大多依托社会交换理论，基于"成本—收益"比较和"积极—消极"影响评价的逻辑主线，从社区居民对旅游发展的"经济—社会—文化—环境"影响感知的视角，对社区居民旅游态度的形成机理进行了解构。然而，越来越多的学者开始质疑社会交换理论对居民旅游支持态度的解释力。Woosnam 等强调社会交换理论将社区居民视为理性"经济人"角色，将社区居民与游客的关系仅仅视作纯粹的经济交易关系，忽视了基于"主—客互动"乃至"主—主互动"的社会影响。在乡村旅游发展中，社区居民作为置身于乡村社区社会关系中的个体，不断与其他社区居民进行社会交往和互动。居民的角色必须从"理性经济人"向"社会人"转变，激发社区居民的社会内涵。从这一层面来讲，亟须引入其他社会经典理论，扩展对社区居民在社会关系交织下的旅游支持态度的研究内涵。

知识转移与旅游的融合研究领域有待进一步扩大，加强知识转移和乡村旅游、居民旅游支持态度的研究。旅游领域对知识转移的研究依然有限，尤其缺乏社区或目的地层面的研究，特别是知识转移对居民旅游支持态度的影响研究依然缺乏足够的重视。我们必须清醒地认识到，在乡村旅游发展中，社区居民是乡村旅游实现可持续发展的原动力。随着社区居民意识到知识对于个人能力的提高、旅游经营和管理的改善有着不可估量的作用，社区居民就会愿意开展知识转移行为。知识转移一方面能提高社区居民的旅游经营和管理能力，获得更高的价值回报，还会改进旅游决策的思维方式和运作模式。鼓励和引导通过知识转移促进社区居民之间的知识流动，能大大提高社区居民的个体能力和社区的乡村旅游整体竞争力。因此，未来应加强知识转移和乡村旅游、居民旅游支持态度的影响机制与效应的研究。

将社区居民个体能力提升视为影响居民旅游支持态度的一个关键因素，正视社区居民个体能力提升对旅游支持态度和乡村旅游发展的内生刺激效用。乡村旅游的可持续发展，关键在于获得社区居民的支持。以往对居民旅游支持态度形成机理的研究是假定不同的居民对于旅游发展带来的收益与损耗有相同的认知和理解水平，总能依靠有限的认知能力做出理性的决策，却忽略了个体认知能力的差异。不少研究指出，随着旅游发展阶段的变化，社区居民的知识水平和认知能力都会发生变化，"居民对旅游支持态度的降低"这个现象也会随着旅游发展阶段变化而变得越来越明显。遗憾的是相关研究并没有给出"如何继续使居民维持高水平的旅游支持态度"的解决思路。由此可知，忽略居民个体能力的提升，往往无法真正激发乡村旅游发展的活力，也无法真正提高社区居民对旅游发展的支持态度。基于此，未来将社区居民视为"知识人"，探索通过提升居民的知识和能力，提高社区居民对旅游发展的综合认知能力是破解上述困境的有效途径，是激发社区居民个体内生繁荣力的重要因素，也为研究居民旅游支持态度提供了一个新的视角和切入点。

从"考察单一的人口统计变量对居民旅游支持态度的影响研究"向"人口统计特征对居民旅游支持态度的比较研究"转变。回顾以往研究，不少学者分别从性别、年龄、教育和收入水平等人口统计学变量视角，探讨不同人口社会学统计变量对居民旅游支持态度的影响。然而，这些研究多为一般性的定量研究，并且很多研究结论依然存在明显的不一致、不协调的现象。因此，本研究摒弃过度地聚焦于单个人口统计变量对结果影响的研究思路，转向以人口统计学变量对居民旅游支持态度的比较研究，探究不同的人口统计变量特征下，比较社区居民对旅游支持态度的差异，进而得出社区居民个体特征的影响差异，剥离出不同类型的社区居民在影响关系中的表现与特征，为未来更有针对性地指导提升不同类型社区居民提供强大的现实依据，促进社区居民个体在乡村旅游发展中的个人能量的发展从而形成合力效应，共同支持乡村旅游发展。

第3章 案例研究：乡村社区居民旅游支持态度

基于前两章的问题阐述、文献梳理和理论回顾，以往相关研究大多从社会交换理论视角出发，将社区居民视作理性"经济人"，假定不同的居民对于旅游发展总能依靠有限的认知能力做出理性决策的研究思路，忽略了个体认知能力存在差异的事实，也忽略了随着乡村旅游发展阶段不断演化，社区居民多年来自我学习总结和积累起来的知识，以及居民之间知识转移和共享使得社区居民的认知能力体现出内部多元化特征。知识转移对居民旅游支持态度与乡村旅游发展具有重要意义的声音开始出现。在乡村社区层面，"实现知识共享"就是"创造社区知识"。知识转移和共享有助于社区居民积累最佳的旅游实践经验和管理方法，促进社区居民创新旅游产品和提高旅游服务品质，提升居民旅游支持态度。需要指出的是，社区居民之间的知识转移是一种典型的个体间非正式的知识转移的形式，其核心在于人与人之间的信任与社会交往。因此，社会资本为社区居民知识转移提供了通道。尽管对于社会资本、知识转移和居民旅游支持态度之间的关系已经有了初步认识，但这些研究大多为零散的理论性和思辨性的探讨，尚未形成系统的理论体系，也没有实证材料的支持。

本章正是在上述现实需求与理论呼唤的驱动下，通过案例研究，基于旅游地生命周期理论梳理案例地旅游发展的阶段特征，并对案例地的社区居民进行访谈，试图发现乡村旅游发展过程中，社区居民之间的知识转移现象、知识转移的表现形式、知识转移的影响因素以及知识对居民旅游支持态度的影响，剥离出关键构念，探索和构建"社会资本—知识转移—居民旅游支持态度"之间的概念关系，为居民旅游支持态度的形成机理寻找一个新的解释视角。

3.1 案例选择与数据搜集

3.1.1 案例选择

根据案例选择的典型性原则，以服务于本研究的目的为宗旨，本研究选取浙江乡村旅游发展较有代表性的乡村社区。湖州市下辖各县的乡村旅游形成了值得各地学习的经验模式，尤其是面对旅游发展的多个阶段所遭遇的问题，探索、践行和形成了行之有效、笃之有力的发展模式，促进了乡村旅游健康持续的发展。

基于此，本研究选择浙江省湖州市的长兴县顾渚村、安吉县大溪村以及德清县后坞村与碧坞村四个乡村社区作为研究案例地。这四个案例地的乡村旅游开发程度较高，发展成就显著，社区居民参与乡村旅游发展的热情极高，基本形成全民参与旅游的局面。同时，社区居民秉持积极学习、互相学习的心态，并在社区领导班子的引导下，为乡村旅游发展出谋划策，发挥集体智慧，旅游业已成为当地社区的主导产业。此外，社区居民对乡村社区感情较深，居民之间基于祖祖辈辈共同生活的历史建立了良好的情感关系，彼此之间互相熟悉，关系和睦，信任度较高。为实现乡村旅游更好发展，社区居民之间容易达成共同推动旅游发展的共识，也容易形成支持乡村旅游发展的积极态度。

3.1.2　数据搜集与分析

本研究主要采取两种方式获得数据。一是半结构式访谈，主要对乡村社区内从事乡村旅游的社区居民进行访谈。二是二手资料研读，主要是档案资料，搜集社区服务中心的关于每个乡村历史和旅游发展等资料。其中，跟社区居民的深度访谈是本研究搜集和分析数据的主要方式。

（1）实地调研和访谈

2016—2017年，我们主要对四个乡村社区的居民进行了访谈，总共访谈了35个居民（见表3.1）。每次跟居民的访谈都是由作者本人和1名研究助手进行。我们会优先选择去社区服务中心或者社区居委会搜集关于每个案例地乡村旅游发展的历程和取得的成就等二手资料，掌握关于乡村旅游发展的基本概况。然后，与自主经营农家乐或者民宿的社区居民进行访谈。

笔者根据事先设计好的访谈提纲，对乡村社区内自营农家乐或者民宿的居民，围绕关于知识、居民之间知识转移和共享情况、影响居民知识转移与旅游支持态度的因素、知识转移对居民旅游支持态度的影响等核心问题进行半结构化访谈。研究助手在旁补充提问和帮助记录，并在征得居民同意的前提下，对访谈内容进行了录音。访谈结束后，对现场访谈记录内容进行逐字逐句校对，对录音内容进行原句转译从而形成文字，以保证和提高访谈内容的原始性和准确性。

表3.1　四个乡村社区代表性居民访谈名录

序号	访谈居民	经营业态名称	乡村来源
1	林老板	紫笋农庄	长兴县顾渚村
2	陈老板	毛草屋	长兴县顾渚村
3	孙老板	芭提雅农庄	长兴县顾渚村
4	庄老板	馨怡苑	长兴县顾渚村
5	王老板	俭朴栈	长兴县顾渚村
6	王老板	好再来	长兴县顾渚村
7	夏老板	石门山庄	长兴县顾渚村
8	沈老板	苗山农庄	长兴县顾渚村
9	王老板	茶花香	长兴县顾渚村
10	齐老板	齐家庄	长兴县顾渚村
11	张老板	友旺农家乐	安吉县大溪村
12	李老板	多福农庄	安吉县大溪村
13	施老板	王家大院	安吉县大溪村
14	祁老板	世外桃园	安吉县大溪村
15	李老板	天天旺	安吉县大溪村
16	王老板	嘉木园	安吉县大溪村
17	张老板	张家大院	安吉县大溪村
18	杨老板	杨梅园	安吉县大溪村
19	方老板	官子山庄	安吉县大溪村
20	郑老板	万家红	安吉县大溪村
21	傅老板	东芭拉	德清县后坞村
22	王老板	绿峰农家乐	德清县后坞村
23	陈老板	山里猫居	德清县后坞村
24	姚老板	天泉山庄	德清县后坞村
25	钟老板	钟云农家乐	德清县后坞村
26	祁老板	碧云山庄	德清县后坞村
27	沈老板	鑫镶缘	德清县后坞村
28	宋老板	侬家山居	德清县碧坞村
29	吴老板	田园居	德清县碧坞村
30	夏老板	慢悠悠	德清县碧坞村
31	宋老板	碧坞香风山庄	德清县碧坞村
32	潘老板	潘家园山庄	德清县碧坞村
33	王老板	霸王潭	德清县碧坞村
34	李老板	飞红	德清县碧坞村
35	祁老板	祁健康	德清县碧坞村

注：出于研究的伦理考虑，对农家乐和民宿户主只显示姓，隐去名。

（2）档案资料

档案资料主要包括四个案例地乡村基础资料和旅游发展史料，主要从社区服务中心或者社区委员会获得资料数据。其中，每个乡村社区的基础资料主要包括乡村历史演变、社会经济发展、产业结构调整、人口变化等情况。旅游发展资料主要包括每个乡村社区旅游发展历程和取得的成绩，农家乐和民宿的数量、乡村旅游经营业态的更新变化情况等资料。

（3）数据分析

数据分析是案例研究中建立理论关系的核心。本章主要通过对案例数据和资料的分析，探索和剥离出关键概念与主题，并初步建立关键概念之间的关系。基于此，本书对访谈数据的分析主要通过以下方式进行。首先，由作者本人和研究助手对原始访谈数据进行基于扎根理论方法的初始分析。第一步，通过开放式编码，从访谈资料中识别初始概念，具体划分为条目和子条目，从中发现概念的类别和维度，并对研究概念进行范畴化。下一步，开展主轴编码，将各个范畴化的概念归到各自的主题下（即主范畴）。通过上述两个步骤，将一阶数据（通过具体的访谈内容获得的条目）和二阶数据（对访谈内容进行抽象化的理论阐释）实现详细化的区分。其次，反复对演绎出来的共同词汇和主题进行比较分析，这个重复过程一直延续到获得最终结果。需要指出的是，这种分析方法并不是线性开展的，是一个过程导向的循环分析过程，持续到最终浮现较为清晰的理论关系。

3.2　案例地的演化

本研究选取的四个案例地的乡村旅游发展经历了"从无到有""从有到优"的历程，从问题的集中爆发带来发展困扰，到探索形成行之有效、行之久远的发展模式，实现了"柳暗花明又一村"的成就感。旅游地生命周期理论重点揭示了一个旅游地会在不同的生命周期阶段表现出不同的特征和规律，也昭示了一个旅游地未来发展的结果。一般来说，一个旅游地的演进过程会经历探索、发展、成熟和衰退等阶段，并在每个阶段呈现出各自的发展特征。同时，过往研究也证实了旅游地生命周期理论与居民旅游支持态度之间的关系，研究发现居民旅游支持态度会显著影响旅游地生命周期的演化，社区居民在旅游地的不同发展阶段，对旅游的支持态度也会发生显著变化。

回顾和梳理四个乡村社区的旅游发展阶段的演化特征、问题和结果，也充分印证了旅游地生命周期理论对乡村旅游地演进的解释力。

3.2.1 萌芽阶段：乡村发展命运关口的重新选择

众所周知，乡村旅游已经成为乡村地区脱贫致富、产业转型的重要方式。然而，回首过去，乡村旅游的萌芽既带有偶然性，也有一定的必然性。偶然性体现在可能因为一个人，或者一件事，从而诱发了乡村旅游的萌芽。而必然性似乎又是乡村居民在思考如何摆脱数百年来传统的"靠山吃山、靠水喝水"的命运，在寻求乡村命运转变的关口，发挥了"劈山开路""遇水搭桥"的精神，探索和走上了乡村旅游的发展道路。总结本研究的四个案例地乡村旅游的萌芽阶段的主要特征，体现为：①游客较为零散，旅游需求也并未呈现出个性化的特征；②旅游接待设施比较初级，只是简单地满足吃和住的需求；③自然环境和社会环境并未因旅游的萌芽而发生显著变化。

其中，顾渚村农家乐的发展在某种程度上具有很强的偶然性。具体来说，1999年，一位名叫吴瑞安的上海退休老中医来顾渚村开了一家疗养院，目的是给上海退休职工创造一个生态优美、乡土浓郁、适宜养生的环境。随着来顾渚村疗养的上海退休职工越来越多，疗养院的床位已经无法满足需求。于是，吴瑞安引导疗养院旁边的两家村民提供床铺，就此诞生了第一家农家乐"王塔庄"。而大溪村、后坞村和碧坞村这三个乡村主要将上山伐木、卖毛竹、挖山货种茶、烧炭出售等作为村民的主要收入来源。正是为了实现生活水平的提高，以及规避某些生活灾难，乡村旅游发展萌芽的种子亟待破土而出。在本研究的案例地里，数百年来延续下来的靠山吃山的初始生活形态，带来的往往是因乱砍滥伐出现森林环境破坏、水土流失，最终导致出现了几次特大水灾，给当地百姓的生活带来了刻骨铭心的灾难。沉痛的教训让当地百姓深刻意识到破坏生态环境、违背自然法则将招致大祸。保护环境，依托丰富的森林资源和自然资源，改变生产经营模式，如何将生态资源最优化地变为经济资本，成为当地百姓开始思考并摸索新的发展道路上的问题。

3.2.2 起步阶段：乡村旅游发展多重机遇叠加下的扬帆起航

一个旅游地乡村旅游起步阶段的主要特征表现如下：①游客数量开始增多，旅游需求越来越旺盛；②乡村旅游地开始成为都市居民远离城市生活的重要选择；③当地旅游接待设施逐步完善，交通条件得到升级等；④乡村旅游地开始抓住各种机会，大力发展乡村旅游。回顾这四个案例地的乡村旅游发展的起步阶段，充分抓住各种机会，借势借力发展乡村旅游，主要呈现出如下几个特点：①政策机遇赋能，引领乡村旅游发展的热点。②市场需求赋力，形成乡村旅游发展的热潮。③企业投资驱动，形成乡村旅游开发的热流。这三大特点为乡村旅游发展注入了活力。

3.2.2.1 政策机遇赋能，引领乡村旅游发展的热点

从国外来看，欧美诸多发达国家为寻求解决乡村衰落困境的金钥匙，将乡村旅游定为乡村产业结构调整的突破口、乡村经济发展活力激发的闪光点。因此，乡村旅游在某种程度上来说是各级政府判断社会经济与政治形势之后而做出的一种政策选择。从国内来看，发展乡村旅游已经成为优化乡村产业结构、激发乡村经济活力、提高当地居民收入的重要路径。因此，鼓励和扶持乡村旅游发展的政策，能赋予旅游发展的动能，激发乡村旅游发展的活力。同时，政策的导向也往往能形成乡村旅游发展的热点。

例如，德清的后坞村抓住美丽乡村建设的契机，充分发挥当地生态资源的优势，引导和鼓励当地村民自办经营农家乐。2005年，后坞村开办了第一家农家乐——香格里拉。自此，后坞村乡村旅游开始起步发展。同样，安吉县政府以大溪村作为农家乐经营的试点村，鼓励村民经营农家乐，并于1998年授牌予6家首批农家乐经营户。发展之初，县政府有意识、有导向地扶持首批6家农家乐，组织外地旅游团和游客到访大溪村，并开启了"吃农家饭、住农家屋、干农家活、享农家乐"的原味乡村生活，首批6家农家乐经营户也因此获益，不仅提高了收入水平，而且提振了农家乐经营户的信心，取得了意料之外的成功。

3.2.2.2 市场需求赋力，形成乡村旅游发展的热潮

工业化与城市化的发展大大促进了经济社会的发展和城市居民收入水平的提高，但同时也给城市居民带来了增加工作压力、增快生活节奏、渴望休闲娱乐等一系列问题，从而激发了都市居民对美丽的乡村环境的渴求、惬意的田园生活的期盼，乡村旅游也在这种强烈的呼唤之下应运而生。市场需求成为乡村旅游发展的外部力量，特别是广阔的都市居民为释放工作压力、寻找心灵归宿所爆发的需求，形成了乡村旅游发展的热潮。

例如，长兴的顾渚村就是为了满足上海退休职工养生养老的需求，大力发展乡村旅游。农家乐的开办，改变了顾渚村村民的收入渠道。再比如，德清的后坞村，充分利用天目山的自然生态优势，为了满足上海高级白领以及金领一族的生态度假需求，发展以农家乐和民宿为主的乡村旅游，促进当地社区居民极大地增加了收入

来源，提高了生活水平，也大大提高了当地居民参与乡村旅游的热情、支持乡村旅游发展的态度。

3.2.2.3　企业投资驱动，形成乡村旅游开发的热流

传统的农耕文明延续下来的乡村生产方式，产生的一大困境就是集体经济基础薄弱，经济总量不足，从而导致乡村自我投资开发能力不足。引进社会资本，吸引企业投资也成为乡村经济和乡村旅游发展的外部驱动力，有助于形成乡村旅游开发的热流。

在企业投资驱动下的典型示范就是德清县碧坞村。碧坞村依托两个小型电站的建设，引进社会资本对碧坞村的天然生态资源进行开发建设。其中，碧坞村碧坞龙潭景区吸引了投资商的目光，并最终签下投资协议，开始了龙潭景区的开发。随着碧坞龙潭景区开发成熟，并逐渐吸引游客到来，能解决游客的吃住问题，这开始成为碧坞村村民的一个全新商机。一小部分村民开起了农家乐，实现了从"竹农"到"小老板"的身份转变。

3.2.3　发展阶段：乡村旅游发展成就与问题并存的现实局面

四个案例地的乡村旅游步入发展阶段后，呈现出典型的"积极影响"与"消极影响"共存的双重特征。一方面，乡村旅游发展取得了很大的成就，呈现出成绩骄人的可喜局面，社区居民从中受益，大大提高了居民支持旅游发展的态度，也提振了乡村旅游发展的信心，加快了乡村发展的步伐；另一方面，也集中爆发了诸多影响乡村形象、破坏邻里关系的问题，制约了乡村旅游的长远发展。

3.2.3.1　积极方面

回顾四个案例地乡村旅游发展的过程，为乡村发展和社区居民都带来了不容置疑的积极结果，甚至是具有革命性的积极变化。具体体现在收入水平大幅增加、就业渠道深度拓宽、回乡创业热潮澎湃等。

（1）乡村旅游发展极大地增加了当地居民收入、拓宽就业渠道

乡村旅游的发展，为很多闲置在家的社区居民创造了重新就业的机会，带来了一个新的就业渠道，也盘活了更多闲置的生活资源和产业资源。开办农家乐和民宿是当地居民参与旅游的主要方式，也让原来闲置的生活资源得到重新启用，焕发活力；第一产业的资源也通过融入乡村旅游发展，实现了经济附加值的增加、景观价值的增加、生态价值的增加，从而全面提高了社区居民的旅游受益，改善了居民的

生活水平，进而吸引更多的社区居民参与和支持乡村旅游的发展，促进乡村旅游成为主导产业。

本书中的四个案例地里，随着都市居民渴望乡村生活的需求高涨，以及乡村旅游热潮的兴起，以乡村旅游为载体，很多社区居民将自己原有的房屋改造和升级，打造成为设施完善、接待标准均符合城市居民预期的农家乐或者民宿，使原有的农居极大地发挥旅游功能，增加了生产价值。同时，原本个体家庭的农业种植也积极融入乡村旅游，为城市居民提供了田园采摘的娱乐活动，也为实现天然生态蔬菜从菜地到餐桌提供了来源，为城市居民远离快节奏的城市生活、缓解高强度的工作压力、寻找惬意的乡村生活创造了更多的天然条件。当地居民将生活资源和产业资源借机融入乡村旅游发展，不仅增加了居民的收入，也拓宽了增收渠道，对很多家庭产生了革命性的变化，从而激发了居民支持旅游发展的热情。

（2）乡村旅游发展激发了回乡创业热潮

乡村旅游发展所取得的成绩和展现出的潜力，不仅让长期居住于此的社区居民提高了旅游发展的满意度，也让在外工作的原居民看到发展的希望，唤起了回乡创业就业的愿望。"望得见山、看得见水、记得住乡愁"，描绘了国人对家乡的情感。乡愁是一种情结，是家的味道，记得住乡愁便是吾心安处。

2007年，南非人高天成在德清县开了第一家"洋家乐"，声名鹊起，它成为上海高端人士休闲度假胜地，吸引了更多的国际友人来此经营洋家乐，并掀起了洋家乐开办的热潮。洋家乐的成功，引起了当地村民的广泛关注，也带动了后坞村村民经营农家乐的积极性。随着莫干山乡村旅游的不断升温，后坞村村民开始改建自家房子，为游客提供餐饮、住宿、娱乐等服务，全面融入乡村旅游发展的浪潮。例如"天泉山庄"的姚老板，2009年辞职回家，将自家农房改建，提升硬件和软件设施，开始办起农家乐。乡村旅游的发展为姚老板带来源源不断的客源，生意日趋红火。

3.2.3.2 消极方面

四个案例地的乡村旅游发展步入快车道后，随之而来的负面问题开始出现，并呈现出集中爆发的特征。主要包含以下问题：①恶意抬高餐饮和住宿价格，宰客现象频发；②出现经营户之间恶性拉客竞争现象；③无牌社会饭店打着农家乐的幌子，欺诈游客；④垃圾成堆、卫生问题突出等。

种种乱象和不规范问题都是利益驱动下的当地居民的短视行为造成的，引来游客接二连三地反映和投诉，严重损害了各地乡村旅游形象和声誉。发起一场农家乐改革行动，整治农家乐的发展乱象，推动乡村旅游发展良性发展和可持续发展，是各地管理部门面临的一道"难解之题"，但也是一道"必解之题"。

3.2.4 规范阶段：乡村旅游持续发展与谋求新路径

为了遏制负面问题的继续滋生、推动乡村旅游，特别是农家乐持续健康发展、维护乡村良好的旅游形象、守住当地居民淳朴的民风，案例地的社区管委会在上级管理部门的指导下，开展了一系列有益探索，制定了一系列有效措施。

其中，长兴县顾渚村最具代表性地推出了"四统一"模式：统一叫车、统一配送、统一洗涤、统一营销。顾渚村实行"四统一"如同为农家乐的发展塑造了标准化的管理流程，提高了标准化的经营水平。具体来讲：①"统一叫车"就是指凡是游客到顾渚村，由旅游运输公司统一接送。②"统一配送"是指顾渚村农家乐的食材由菜场管理经营公司统一配送，以此实现所有餐饮原材料有机、生态、无污染。③"统一洗涤"是指由专门的公司统一收集全村的床单和被套等用品，并按照统一卫生标准进行清洗，确保干净卫生。④"统一营销"是指顾渚村农家乐和乡村旅游的对外宣传与营销，由当地县旅游局统一负责，制定和实施统一的宣传策略。顾渚村逐渐成为一个组织模式清晰、经营理念先进、环境卫生整洁的农家乐示范村。

同样，大溪村等农家乐集中爆发性的典型问题，促进了安吉县探索和寻求解决问题的路径。较具典型示范的是安吉县首创"农家乐服务中心"的全新模式，对全县县域范围内的所有农家乐经营户进行"四统一"管理：统一接团、统一标准、统一价格、统一促销。"农家乐服务中心"管理模式将所有授牌经营的农家乐纳入全县统一管理、经营和监督的范畴，使得农家乐原本分散经营、单兵作战的经营模式向集中经营、统一管理的状态转型。此外，为更好地扩大安吉县农家乐的名声、提高旅游服务的质量、塑造良好的形象，安吉县政府开展省特色村和星级农家乐的评选活动，特别是通过星级农家乐的评定，倒逼农家乐经营户提高旅游服务品质、改善经营环境设施、遵守旅游规章制度，从而改善乡村旅游形象。

同样，德清县后坞村和碧坞村也为促进乡村旅游规范化发展进行了有益探索。在县委县政府和湖州市乡村旅游协会等上级单位的指导下，德清县组织创建中国美丽家园精品村，对村里的道路、给排水设施、排污设施、绿化工程等基础设施进行了全方位、高品质的改造和提升。碧坞村为推动碧坞村的乡村旅游更上一层楼，继续解放思想、与时俱进，碧坞村开始追求新突破。首先，对碧坞村农家乐经营户进行规范化管理，推出"两证制"，即但凡有村民要经营农家乐，必须申请办理"经营许可证"和"卫生许可证"。"两证制"的建立，主要是为了改善乡村的环境卫生和村容、村貌，同时，也让游客来此"玩得开心、吃得放心"。同样，后坞村在县委县政府和湖州市乡村旅游协会等上级单位的指导下，对村里的基础设施进行了全方位、高品质的改造和提升，进而再次实现乡村旅游的升级。

上述四个案例地基于各自发展出现的问题，通过探索和实践一系列有针对性的行之有效、行之久远的对策，社区居民共同遵守和执行相关管理措施，解决了当前阻碍乡村旅游前行发展的诸多矛盾和问题，重新激活了社区居民的凝聚力，并转化为共同支持乡村旅游发展的态度和行为。

3.3　案例分析与主要研究发现

3.3.1　知识转移的表现

3.3.1.1　知识转移的形式

通过访谈，发现乡村社区内部居民之间存在知识转移的现象，社区居民之间的知识转移形式可以归纳为三种形式：纵向知识转移、横向知识转移、自由知识转移。其中，纵向知识转移是垂直式的转移方式；横向知识转移是水平式的知识转移；自由知识转移兼具纵向转移和横向转移的特点。

（1）纵向知识转移

纵向知识转移主要是父辈转移知识或者经验给子辈，子辈转移新知识给父辈。纵向知识转移是一个双向互动的过程（见图3.1）。其中，特别需要指出的是，这里的"父辈"不仅包括家族里有血缘关系的父辈（如父亲、叔叔、伯伯、舅舅辈）。同时，鉴于同一个乡村社区内几十年的祖辈世居形成的邻里关系，诸多邻里长辈也会传授一些经验给年轻一辈。我国乡村地区的一项优良传统就是敬老，"邻里长辈"如同"父辈"。因此，本研究将以"泛父辈"统称家族父辈和邻里长辈。同时，以"泛子辈"统称年轻一辈。

纵向知识转移的典型示例如下：

典型示例①——俭朴栈的王老板："我们家的客人主要是上海游客。我父亲十几年前开始经营农家乐，主要接待上海人，他跟上海人打交道十几年了，关于上海人喜欢什么口味的菜、怎么跟上海人关系搞好，他有很丰富的经验，现在他也会时常告诉我。"

典型示例②——紫笋农庄的林老板："十几年前我爸跟我叔他们搞农家乐时，都是客人来了后，挑房间看，再决定住不住。现在互联网时代，很多人都是网上提前预订，而且会看网络评价。我就跟我爸说，我们要主动加入网上上线预订模式，这样可以让游客提前通过网络了解我们。而且网络的评价还能提高声誉和有利于传播。"

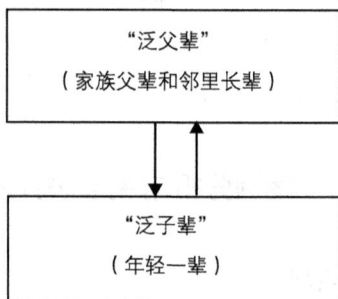

图 3.1　乡村社区居民之间纵向知识转移的表现形式

（2）横向知识转移

横向知识转移主要是指同行之间的知识转移。横向知识转移也是一种互动的知识转移活动（见图 3.2）。同行主要是指邻里之间从事类似或者相关的乡村旅游内容的居民。从访谈的结果来看，四个乡村社区的同行主要是指同一个乡村社区内，从事农家乐、民宿等乡村旅游的社区居民。大家一起经营乡村旅游，彼此之间拥有和掌握的知识，特别是个人特有的旅游经营之道和经验，能突破转移的多重障碍，更容易促进彼此之间接受和消化知识。

从访谈中，我们了解到，社区居民之间存在典型的横向知识转移现象，而且这种横向知识转移带来了诸多的正面效应，诸如经营水平的提高、收入的增加，还能促进社会关系的改善和个人声誉的提高，使得社区居民参与乡村旅游的积极性越来越高，支持乡村旅游发展的态度也明显得到改善等。

横向知识转移的典型示例如下：

典型示例①——安吉县大溪村的翁老板夫妇："我们是大溪村第一家开门迎客的农家乐。前些年，起早摸黑，艰苦奋斗，收入大幅增加，很快走上致富道路。我们一家开始变富裕了，并没有忘记旁边的邻居们。我们会主动分享经验，带动旁边的居民一起干农家乐。随着大家一起逐渐走上共富之路，其他居民从事农家乐的积极性和热情不断高涨，几年来劲头越干越足，自己致富了，带动了一帮村民也干起了农家乐，经营农户的积极性不断得到提高。"

典型示例②——林老板："我们从小玩到大，虽然现在大家一起搞农家乐，但不会把对方作为竞争对手。我有时候跟游客打交道过程中总结出来的一些经验，或者对外学习的一些知识，也会分享给他。大家有钱一起赚，有困难也是互相帮助。"

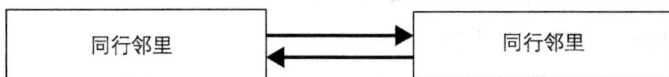

图3.2　乡村社区居民之间横向知识转移的表现形式

（3）自由知识转移

自由知识转移就是指在开放的社区环境中，居民之间自由地表达和分享关于乡村旅游发展与经营的相关知识、信息、观点及经验，这些知识自由地在不同居民之间转移和流通，成为居民不同的知识来源，丰富居民的知识基础和结构。自由知识转移是兼具横向与纵向知识转移的特点，在乡村集聚氛围或者环境下，群体之间的自由式、集聚式的知识转移。

从访谈和观察的结果来看，在本研究所选取案例地的乡村社区，自由知识转移通常会是以居民之间常见的"拉家常""打牌或下棋"的方式转移，会在"村广场或祠堂有集体活动""村里可以容纳多人聊天的其他场所"等乡村社区特有的生活式情境下开展。转移群体往往包含泛父辈、泛子辈，以及同行之间的不同年龄、不同性别的多类型群体。

基于此，提出如下命题。

命题1：社区居民之间知识转移的形式包括横向知识转移、纵向知识转移和自由知识转移。居民之间的知识转移有助于互补居民原有的知识结构，提高社区居民的知识水平和个体能力，改善旅游经营的方法并享受旅游带来的效益，有助于改善居民参与乡村旅游的积极性和支持旅游发展的态度。

3.3.1.2　知识转移的内容

基于乡村社区居民访谈结果，本研究的知识主要是以乡村旅游发展中社区居民的个人隐性知识为主，显性知识为辅。其中，隐性知识主要包括社区居民在旅游经营中积累的个人经验、想法和技巧等，以及社区居民通过互相学习和改造利用后的新知识与新技能，是非显性的、非理论化的知识；显性知识则主要包括社区居民了解和掌握的国家政策和文件精神以及地方性的法规与指导意见等信息类知识的总和。基于此，本研究的社区居民之间的知识转移主要是指在乡村旅游情境下，社区居民个人拥有的隐性知识和显性知识在社区居民之间的转移与分享活动。这种知识转移活动往往以互相学习和交流的方式进行，也存在加以创新和改造以及再利用的过程，有助于社区居民的专业能力和知识水平的提升，并改进社区居民的旅游经营方式和理念，实现旅游价值获得感的增加。

在具体的访谈中，我们也发现很多社区居民谈及了在具体的旅游经营活动和日常生活往来中互相转移知识的内容。

例如，芭提雅农庄的孙老板特意引用了"知识就是力量"这句经典名句来形容她的变化，特别是旅游效益的变化。她说以前一年营业额最多就20万~30万，现在有时候能突破100万。另外，她也提到了她与旁边邻居积极分享个人知识和经验的意愿。

"我现在会经常跟隔壁的邻居分享我的经验，特别是我自己改造民宿前后游客的评价对我自己经营的启发。是可以直接网上预订我的民宿，我有时候会跟其他邻居深入探讨旅游经营理念、游客现在的需求以及变化等经验，特别是要关注游客的评论，我们就会发现需要改变自己的理念、改变提供服务和产品的方式，这样我们就能获得游客更好的评价，游客以后就会经常来光顾。"

同样，林老板也认为不管是经营农家乐，还是民宿或者其他业务，都需要坚持主动学习和吸收知识的态度，要多跟别人交流，特别是社区居民之间，大家应该彼此多分享个人经验，从他人处吸收和积累经验。林老板也跟我们做了如下分享。

"我自己在经营过程中不断思考，也不断地学别人的好做法，我也跟芭提雅农庄的孙老板交流，她也跟我分享了一些有关游客现在的需求信息，特别是游客现在比较在意的旅游产品。游客比较渴望一体化的旅游体验产品。我自己认为经营民宿必须有'三年一小改、五年一大改'的理念和决心。如果几年都不动一下，不变化一下，立马就跟不上时代变化的节奏。我把自家的民宿通过提升改造后，多增加了一个可以容纳40多人的会议厅，就可以满足商务旅游的需求。现在，一些单位的团建活动就会选择我这里。

我也时常会跟身边的人说，我们不能以不变应万变的想法来经营。因为外面变化快，游客的需求也变化很快。所以，我们自己要主动求变，我们平时也要多思考游客有时候需要什么，我们可以为游客提供什么。大家都生活在同一个社区，经常可以坐下来交流，每个人都有自己的想法或者经验，大家都分享出来，对大家都会有好处的。"

从访谈的情况来看，社区居民之间非正式化地转移知识或者经验，能帮助居民彼此学习和互补原有的知识结构，吸收对方的好经验，并加以创新和改造，从而改善自己在具体旅游经营过程中的短板，提高游客对自己的满意度和回头率。上文所述的孙老板和林老就是通过学习和吸收新的知识，互相分享经验和想法，改变了旅游经营方式，增加了新的服务和产品，更加满足游客多样化、个性化的需求，也能提供智慧化的新服务，从而提高了自身的旅游经营效益，也提高了游客市场对自身的认可度。

同样，在后坞村的访谈中，受访的当地社区居民也一致认为居民彼此之间互相学习、互相转移个人知识和经验是促进乡村社区旅游整体发展的动力。好的知识观点或者优秀的经营理念与经营模式等能成为旅游发展的催化剂，改变低质量、低档次的经营模式，走上精品化、特色化的乡村旅游成为当地居民主动实践和转型的路径。

比如，当地居民陈某关掉之前低端经营的农家菜馆，重新改造之后打造了"山里猫居"的精品民宿。他跟我们分享说："我原来只是经营菜馆，为游客提供饭菜。后来，我发现现在的年轻人比较喜欢搞一些户外活动，来我们这里希望登山健身，同时能住一两天。所以我就进了一批山地自行车，让游客可以在莫干山上越野骑行。还搞了一个泳池，他们户外骑行结束后还能到这里游泳。现在我的生意比以前好多了。我跟邻居聊天的时候，就会抛出一些个人观点，比如说我们在旅游经营中一定要关注一些新兴的游客群体的爱好或者需求，要及时根据游客市场需求变化而总结经验，以及管理方法，而且我也会鼓励他们做一些改变。很多邻居也会主动来请教或者和我商量他们做一些改变的方法，他们也会自己说很多想法，我听了有些想法后也蛮受启发的。"

此外，从访谈中，我们发现当地社区居民之间转移知识、分享经验的现象越来越多，当地居民的学习热情比以往任何时候都高涨，居民的知识水平也随之积累得越来越多。一个很有意思的现象为以前当地很多中老年妇女都是洋家乐聘用的管家，随着乡村旅游的发展和洋家乐的日益红火，这些变化大大改变了当地妇女的思想观念，提高了她们的知识水平，这些原本以务农为主的中老年妇女开始互相分享对乡村旅游经营的看法，对乡村旅游的思考也变得更加深刻，她们也因此变得更加专业。

后坞村的老板娘就是最好的例子。她跟我们分享说：

"我之前看到很多洋家乐办起来的时候都在向我们本地人招工，工资也比我们以前种地卖菜来得高。所以，我就去法国山居精品民宿上班了。我在工作期间，发现他们的经营理念跟我们普通的农家乐完全不一样，他们很注重绿色低碳理念，蛮讲究品位，特别重视很多细节，所以游客一波接着一波来，游客的素质也很高。而我们的农家乐都是蛮粗糙的，只提供餐饮，住宿的房子也很普通。我经常在思考，也在总结。后来，我就辞职回家，自己开农家乐。我就特别注重打造自己家的农家乐环境，我会在院子里摆放一些盆景，墙面上也会做一些小景观设置，院子里增加一些小孩子可以玩的东西。这样我把我家的环境整个就美化了，游客来用餐时一看我们家布置得蛮漂亮的，就会喜欢来我们家。现在游客很重视第一感觉。我跟我们隔壁的邻居也说，把家里打扮得漂亮一点，因为菜做得好不好吃，只有尝过才知道，但是别人来不来你家吃饭，还要看人家喜不喜欢你们家。"

此外，通过访谈可知，相对于可以编码的显性知识，隐性知识对社区居民具有更加重要和关键的机制，大大提高了社区居民的专业能力和知识，居民旅游产品创新和经营创新能力的获取往往依托于这些隐性知识下的"know-how"。因此，居民对这些知识以及知识转移的效果满意度普遍很高。从某种程度上讲，这也意味着居民学习的热情和求知欲在乡村社区居民之间逐步呈现出扩散效应。

3.3.2 知识转移的结果

3.3.2.1 知识转移成为乡村旅游发展的新动力

随着乡村旅游的蓬勃发展，顾渚村、大溪村、后坞村和碧坞村四地的乡村经济取得了十足的发展，居民的收入水平发生了翻天覆地的变化。与此同时，四地社区居民的思想观念也在不断地被改造。回顾多年的乡村旅游发展历程，四地都曾遭遇过农家乐趋于同质化、特色不明显、各自为战、客源群体不够多元化等一系列普遍问题。社区居民开始不再满足于档次较低的农家乐传统经营模式，逐渐意识到转型升级的重要性和必要性。"转型升级"成为四个案例地乡村旅游发展共同的"关键词"和当地居民真实的"心灵呼唤"。农家乐提档升级、寻求差异化、体现特色化是案例地乡村社区的旅游发展再出发、二次辉煌的关键一步。

以顾渚村为例，通过访谈了解，农家乐提档升级、寻求差异化、体现特色化成为破解顾渚村乡村旅游发展瓶颈的新路径。新路径的关键要求在于社区居民通过互相学习、分享和转移知识，形成旅游发展的共识，不断改造和提升旅游经营模式，升级旅游产品和服务，从而打造共享共赢的全新局面。

顾渚村的孙老板就是典型代表。她当时敏锐地发现同一个乡村社区内部农家乐的同质化现象比较严重，未来必须以寻求差异化来改变千篇一律的风格。在访谈中，孙老板跟我们谈了她自己的思考：

"大家一起搞农家乐，一起发家致富，这本身没错，而且大家热情也蛮高的。

但是，如果所有的农家乐都是一样的模式，不能体现出各自的差异和特色，也没有相应的档次上的区分，外界往往会给我们贴上造成同质化严重、特色化不明显的标签，从而给外界造成我们的农家乐比较低端的印象。所以，我自己一直在思考，还跟旁边几个邻居探讨，一起分享看法。我们自己应该做出点特色，有一些个性化的东西来吸引游客。所以，我决定打造个性化民宿。经过改建之后，提高的产品和服务更加贴近年轻游客的需求，现在比以前一年可以多赚20来万元。我现在对乡村旅游未来发展的信心更足了，我支持发展旅游的态度也更加坚定了，我也开始跟旁边的邻居分享我的一些思考和经验。"

同样，林老板也认为经营农家乐和民宿需要主动学习进而吸收新的知识，积极参与知识转移活动，从互相的学习活动中获得自我提升，对旅游经营项目进行改造升级，以适应市场的新变化。

孙老板和林老板通过互相学习知识，并在此基础上改造和再利用吸收的知识，实现了旅游经营和管理的成功。他们的成功模式也带动了周边邻居，对自家民宿经过一系列的设施改造后，更加贴合都市游客现代化的需求和标准，经营效益得到大大提高，市场认可度也不断得到提高。

社区居民之间知识转移活动的持续发生，也在当地产生了一个很好的现象：率先开始转型的一批中档民宿和农家乐（暂称为先行者），逐渐凸显出示范引领效应和鲶鱼效应。旁边的其他农家乐经营户（暂称为后学者）开始主动向先行者取经。先行者积极向后学者分享自己的知识和经验，后学者畅谈个人经营中的想法，这种不断互动的分享行为成为社区居民之间典型的知识转移活动。这种知识转移活动既能弥补彼此之间的知识缺口，丰富自己的知识结构和基础；更重要的是，转移的知识经过居民创新和再利用之后，显著改善和提高彼此之间的经营水平，增强了对旅游发展的信心，激发了居民共同推动和支持乡村旅游发展的态度与愿望。

同时，社区居民之间的知识转移活动具有强大的"蝴蝶效应"，知识在不断的转移过程中释放最大的效应，在社区居民之间逐步扩散，推动社区居民产生"智变"。社区居民的"智变"带动整个乡村社区的"质变"。

基于此，提出如下命题。

命题2：乡村旅游发展会经历多个阶段，乡村社区遭遇的产品同质化、旅游服务品质降低、客源结构单一化、市场认可度降低等问题，以及乡村旅游经营遭遇的各种现实困境，会降低社区居民经营旅游的信心和对旅游的支持态度，知识可以作为一种动力来改变现状。

命题3：知识转移，帮助社区居民互相学习对方的好经验和好做法，弥补原有的知识缺陷和经营弊端。同时，一部分社区居民通过学习和总结，率先转型取得成功，他们通过知识转移带动其他居民一起进步，转移的知识经过社区居民再利用和创新之后，有助于实现社区居民整体知识水平和旅游经营水平的提质增效。这种知识转移活动不仅可以提高社区居民的个体能力，也能促进乡村旅游的发展。

3.3.2.2　知识转移对居民旅游支持态度存在潜在的积极影响

乡村社区是重要的旅游目的地，当地社区居民的共同兴趣就是吸引游客进入乡村社区。他们渴望通过向游客展示乡村自然风光、特色化产品、优质化服务、规范化管理等，共同提高乡村旅游发展的品质，从而树立和维护乡村社区的良好形象，吸引更多的游客。因此，乡村社区居民之间也更愿意彼此分享信息和知识。不同的居民掌握着不同的知识，也积累了各自的经验，多样化的知识来源促进了社区内居民知识转移行为的持续发生，也提高了社区的整体知识水平。当社区居民之间的知识转移行为频繁发生，内隐于居民个人大脑中的隐性经验、管理和经营技巧等就会在社区居民之间不断传播和分享，转移的知识经过居民创新和再利用之后，进一步增加了社区居民的知识积累程度，会显著改善居民的旅游经营方式，提高旅游经营质量，增强价值获得感。同时，知识转移还能提高居民对旅游的认知水平和应对旅游发展问题的能力，从而提高居民对旅游的支持态度。

通过居民访谈，发现社区居民之间知识转移对居民旅游支持态度存在潜在的积极影响。知识转移能提高社区居民的专业能力，特别是有助于改进旅游经营和管理能力，帮助社区居民增加价值获得感，进而转化为对旅游发展的支持态度。

比如，长兴县顾渚村的王老板就特别认可居民之间互相分享和转移知识的价值。他跟我们做了如下分享：

"我以前是看着别人搞农家乐赚钱了，然后也跟着经营农家乐。但一开始没经验，生意一般，一年下来赚三五万。那个时候做得好的人一年赚二十万了。我就登门拜访，向别人请教好的经验。听了别人讲的一些成功做法，吸收了他们好的经验和方式，我马上改变思路了。比方说，我以前就简单地认为农家乐就是家里弄几张桌子，给客人吃饭；提供几张床，给客人住。其实不是这么简单的，隔壁老夏就跟我说，现在游客很注重环境氛围。将吃饭的地方、睡觉的地方布置得一定要有乡村的味道，不然没法吸引游客。所以，我后来就把家里改建了一下，不仅把卫生搞干净了，还布置了很多乡村劳作的场景，墙上挂了农民下地干活的图片，游客就很喜欢。现在我的收入比以前翻了好几倍。我们彼此之间互相转移知识、分享经验，能让我们取得很大的进步，收获也更多，这样大家就会齐心协力搞旅游，也会支持旅游发展了。"

访谈中，很多社区居民都纷纷提到社区居民彼此之间互相转移知识、分享经验对改善各自的旅游经营大有帮助，社区居民也都会因此受益，进而产生支持旅游发展的积极态度。大溪村的祁老板说：

"大溪农庄的翁老板他们夫妻是我们大溪村最早开农家乐的。他们起早摸黑干了几年，很快就富起来了。我们都是看着他们赚了很多钱，尝到了开办农家乐的甜头，就开始一起开农家乐。我们就主动向他们学习一些经验。他们夫妻人很好，很热情、很大方地跟我们分享他们的成功经验，还会特别告诉我们很多小细节，一些他们失败过的自己总结的教训对我们特别有用。"

此外，大溪村的张老板也谈到知识转移不仅对居民个体的旅游经营大有帮助，还能大大改善居民之间的人际关系，增强人情味，居民彼此之间能建立更好的信任关系，有助于形成支持旅游发展的合力。张老板如是说：

"以前大家一起办农家乐的时候，一开始彼此之间还是有竞争关系的，大家都想着多赚点钱。后来，县里和社区组织我们开会一起学习交流，给我们灌输社区是一家的思想，共赢是大家的目标，鼓励大家一起互相学习对方的经验，也要主动分享自己的成功经验。现在我们都不会把对方当作对手了，相反，大家会毫无保留地分享每个人的经验给对方，彼此之间的关系也好很多了。大家有钱一起赚，有困难也会互相伸手帮助。"

基于多年乡土邻里之间的社会关系，社区居民之间互相转移自己掌握的知识，分享个人总结的经验，使得彼此受益并转化为社区居民对乡村社会关系的支持以及对乡村旅游发展的支持。正如从案例地居民访谈中发现，社区居民在乡村旅游经营中积极分享和转移知识，摒弃单兵作战的思维，促进居民从个体理性经济人角色上升到集体理性和道德情感，拥有推动乡村旅游发展共同体的使命，转化为支持乡村旅游发展的态度和行动。

安吉县大溪村的方老板就提到，社区居民之间的知识转移还能提升社区居民的自豪感和文化认同感，能让社区居民更快达成乡村旅游发展的共识，凝聚成支持旅游发展的合力。方老板跟我们做了如下分享：

"以前一部分搞农家乐赚了钱之后，其他人也眼红，大家一股脑儿都开起农家乐，私下里经常搞小动作，拉客宰客的现象时有发生，居民之间吵架现象也经常发生。我总担心这样一直下去会出事的，会让外面人都说我们人品不好，会影响我们的形象。后来，社区组织我们一起开大会，要求我们做生意就要把整个社区当作自己的家，它是一个大家庭。还要求农家乐经营得比较好的社区居民，主动积极地分享个人经验，带动经营较差的家庭。要求大家一定要树立乡村大旅游的观念，要维护好整个乡村社区的形象，才能吸引游客源源不断地过来。窝里斗，不仅两败俱伤，还会破坏整个乡村的形象，吃亏的是大家。大家一定要积极学习、互相学习，要让自己的思想观念开放。所以，现在大家在谈论乡村旅游发展的时候，经常会探讨如何让我们乡村旅游发展更好。大家的知识进步，让我们对旅游的认识更深刻，也会看得更远了。"

此外，也有不少社区居民提到，社区居民之间的知识转移和分享活动，还能提高整个社区的知识水平，增强社区解决乡村旅游发展中共同事务的能力，从而大大提振社区居民对乡村旅游发展的信心，进而转化为支持旅游发展的共同努力。

比如，德清后坞村的吴老板就特别提到：

"自从大家自觉地认识到，乡村旅游的发展事关每个人的利益，大家要为乡村社区的共同目标而努力，大家伙的精气神就完全不一样了。现在社区居民之间不仅会主动分享关于旅游经营和管理的知识，还会分享解决旅游发展中出现的问题的对策。大家已经充分意识到哪个家庭在旅游经营中碰到问题，将成为其他家庭会碰到的问题。所以，一旦乡村旅游发展中碰到问题，大家都会一起想办法，分享个人想法和经验，这个时候就会觉得整个乡村社区的能力聚集起来了，潜能也被激发出来了。现在大家可以一起应对和解决很多公共事情了，大家一起支持旅游发展的态度明显比以前高了。所以说知识就是力量，这句话没错。"

此外，社区委员会也会积极组织社区居民一起探讨社区乡村旅游发展的建议，特别是关于社区居民在具体的旅游经营活动中大家普遍存在的共性问题，一起征求大家的意见，倾听大家的想法。正如郑老板说：

"以前每家每户都把客人用过的被子洗完之后，到处找地方晾，影响村容村貌。后来，社区居委会组织居民一起探讨如何改变这种现象，最后达成的共识就是由社区集中收集床单、碗筷等并送往指定地点洗涤、消毒，然后再统一配送清洁的床单和消毒的碗筷到我们经营户这里。这种模式大大改变了社区居民的思想观念，让大家都意识到乡村旅游必须走上规范化的道路。大家不能再像以前那样随便放东西了，我们必须兼顾到整个社区的形象，也要考虑社区共同发展的问题。因为只有整个社区发展好了，大家生活在其中也能享受到福利。整个社区不属于某个人，属于大家。所以，大家应该要主动分享个人的知识或者经验，一起支持旅游发展。"

通过访谈，我们发现社区居民之间的知识转移现象已经越来越普遍，社区居民也越来越认可知识对个人和社区的价值，以及对乡村旅游发展的意义。例如王老板就说：

"以前，大家都是零零散散地办农家乐，提供一些简单类型的餐饮和住宿，这样搞了几年后生意一直不旺，因为品质太低，无法吸引回头客。后来，社区组织大家一起开会，跟我们探讨未来乡村旅游发展的目标，以及为实现这些目标，大家应该共同做一些事情，比如改善自己家的环境卫生，把自己家的院子整治得好看。还有，多提供一些菜品，多迎合城市人的口味。大家也会积极分享看法，我发现这样对大家都有帮助。"

与之类似，宋老板也谈到了知识转移、经验分享等活动对当地社区提高乡村旅游发展的品质、树立良好的乡村整体形象都具有非常高的价值。他跟我们分享说：

"我自己在改造民宿的时候，就想着怎么样打造自己的特色，怎么样能更吸引游客。那就是要利用好我们自己的乡土材料和元素，打造出我们自己的乡土风格。我自己改造完成后，我会跟旁边邻居分享自己的一些思考和经验。大到民宿房间的整体风格和设计要素，小到房间采用什么材料的窗帘和毛巾，以及什么材质的床，我都会毫无保留地将自己的知识和经验都悉数转移给他，还会分享有些材质的保养方法。现在我们经营的农家乐和民宿都很有自己的乡村风格，游客来了之后都说有一种让自己的心静下来的感觉，游客都很喜欢。我们的整体品质都得到了提高。"

从访谈中可以看出，生活在同一乡村社区中的居民，基于乡土情怀、血缘亲缘关系、地方依恋等因素，拥有建设同一个美好乡村家园的愿景，也都有乡村旅游发展越来越好的愿望，以及为之共同付出努力的意愿。因此，他们愿意为了实现大家的共同愿景，主动分享和转移知识，为支持乡村旅游的更好发展献智献策，有助于形成共促乡村旅游发展的强大凝聚力。此外，社区居民之间的知识转移对居民旅游经营产生了直接效果，具体表现在社区居民旅游收入增加。例如，陈老板就说以前每年的收入大概就五六万，后来经过互相学习吸收好经验，并对自己农家乐进行改造之后，现在一年的收入达到三四十万。基于此，本研究认为知识转移对社区居民的旅游支持态度存在潜在的积极影响。

社区委员会也在不断地为社区居民创造学习、交流和分享知识的机会。定期的小组社区居民代表会往往聚集有代表性的农家乐和民宿的自营居民，大家一起探讨当前旅游经营和管理中的问题与对策、分享各自的经验知识；探讨社区所面临的乡村旅游未来发展可能出现的挑战与对策，从而促进了知识在社区居民之间转移和流动，提高了整个乡村社区的知识水平。因此，当地居民知识水平的不断提升，参与和支持旅游发展的热情得到不断提高，给乡村旅游发展注入了活力。

此外，社区居委会通过多种方式来提高社区居民的思想方位、促进社区居民知识转移、提升社区居民的个体能力。社区首先提高了农家乐开办的门槛，防止社区居民盲目地开发建设，打乱社区的乡村旅游发展秩序，拉低乡村旅游经营的品质，让社区居民充分认识到乡村旅游发展的共同愿景和目标。此外，社区还经常会选拔一些经营特别优秀的社区居民作为典型示范，鼓励大家向标杆看齐，向标杆请教，也会请一些标杆性的农家乐或者民宿经营户做一些经验分享，转移个人知识，帮助其他社区居民一起进步。

社区居民之间知识分享和转移行为大大提高了社区居民旅游经营的能力，改变了乡村社区的整体形象，为乡村旅游发展植入了智力，催生出发展的新动能。

基于上述分析，本书提出如下命题：

命题 4：知识转移提升了社区居民的个体能力，提高了社区应对各种旅游公共事务的能力，增加了社区居民在乡村旅游发展中的价值获得感，能显著改善居民支持旅游发展态度。

3.3.3　知识转移的影响因素——社会资本

3.3.3.1　社会资本的表现形式：人际信任、互惠合作与共同愿景

通过社区居民的访谈与分析，本书识别和总结了影响社区居民之间知识转移的主要因素——社会资本。在乡村社区层面，社会资本具体表现为社区居民之间的人际信任、互惠合作与共同愿景。在乡村旅游发展中，社区居民之间往往会在旅游经营与管理活动以及日常的社会交往中发生互动联系，这些因素是突破社区居民之间知识转移障碍、提高知识转移意愿和效率、促进知识快速转移与分享的关键。

在具体的访谈中，多位社区居民都谈及了知识转移活动中社会资本的体现。具体来讲，就是人际信任、互惠合作和共同愿景对知识转移的影响。

3.3.3.2　社会资本对知识转移的影响

1. 社区居民之间的人际信任与知识转移

一个社区是一个乡村居民的生活聚集区、乡土社会的浓缩区。社区居民之间源于祖辈相传和乡土情结，彼此居住在同一个社区或者同一个组。数十年的生活来往、平常走动等"家常"行为，使得彼此之间早已建立了深厚的信任基础。这种信任能促

进社区居民之间的社会交换行为，并愿意承担交换的风险。社区居民之间知识转移行为正是在这种信任基础上开展的。正如长兴县顾渚村的王老板所说："我会跟我的邻居分享一些我掌握的知识以及总结和积累的经验，因为大家住在一起这么多年了，很多都是小时候就一起长大的，知根知底，我相信他。"社区居民彼此之间数十年往来所建立起来的信任关系已经成为邻里关系和睦、邻里互动的重要社会基础。这种信任可以成为一种有效的预期资产，促成社区居民之间在更加开放和信任的生活环境中实现知识转移。

社区居民之间的信任关系是一种重要的社会关系，能有效连接社区居民之间的情感连带，淡化彼此之间的情感黑洞，降低彼此知识转移的竞争性，消融阻碍知识转移的"隔心墙"，提高双方知识转移的意愿。此外，社区居民之间的信任能促进彼此之间更加频繁的互动往来。访谈中安吉县大溪村的李老板如是说："我们彼此之间的信任是建立在这么多年来回走动的基础上，互相都能敞开聊天，不用忌讳。所以，我如果有好的经验或者知道了一些新的信息，我当然愿意分享给他。而且，他也会愿意分享给我一些好的东西或者有价值的知识。"

同样，夏老板跟我们谈到他跟邻居的关系，谈了人际信任对知识转移有一定的积极作用。他跟我们做了如下分享：

"我跟他平时关系也很好的，都十来年了，大家各自经营农家乐。我也很相信他的为人。你只要有事找他帮忙，他肯定会帮你。这个人靠得住，值得信任，所以我愿意跟他分享我的知识和经验，而且他也愿意主动跟我分享。人都是相互的，你相信他，他也会相信你，这样两个人之间来往就会频繁，互相分享和转移知识或者经验，是很平常的。"

社区居民之间高频次往来，使得信任关系深深扎根于生活，有助于减少对知识转移过程中知识有效性的验证，降低知识转移活动的难度，提高知识转移的效率。从访谈情况来看，有很多访谈实录能佐证社区居民之间的信任关系能促进知识转移。社区居民之间关于信任与知识转移关系的访谈实录见表3.2。

表3.2 社区民之间信任与知识转移的访谈实录

主要构念	因果关系证据（社区居民访谈实录）	主要构念
信任	"我会跟他分享一些我知道的知识和积累的经验，是因为大家住在一起这么多年了，我相信他。"	知识转移
	"我跟她老公从小玩到大的，小时候一起爬树摸鱼，现在我们一起搞农家乐，我们跟兄弟一样，有啥事情都是一个电话，我当然愿意跟他分享我的知识。"	
	"我这边哪个菜没材料了，都是问他们家借一下，他们立马给我。有时候我付他们钱，他们都不收，靠的是什么，就是大家彼此之间的信任。"	
	……	

据此，我们提出如下命题：

命题 5：社区居民之间的信任关系是乡村社区重要的社会基础，能提高知识转移的意愿，会显著促进社区居民之间的知识转移。

2. 社区居民之间的互惠合作与知识转移

从社会学角度来看，居住在同一个社区里的任何一个居民，可以视为一个"个体理性经济人"，总是会追求个人的利益。同时，他也会遇到生活或者生产中的困难与问题，以及总是渴望得到别人帮助或者帮助他人，所以他又具有社会人的属性。因此，任何一个社区居民理应从"经济人"转变成"社会人"。从心理学视角来讲，与人合作、互惠互利会成为每一个人共同的心理预期。社区居民在长期从事乡村旅游的历程中，积累了自身的经验，尤其是从失败中总结出来的教训这些都是社区居民内化的个人素养和知识。在考虑是否进行知识转移行为时，能否从他人处得到回报，使自己也从中受益，这是一个很重要的知识转移的影响因素。同时，我们必须认识到一点，知识转移是个体间的互动行为，如果知识提供方承担的知识转移成本不能从知识接受方那里获得补偿，知识转移行为就可能终止。因此，互惠合作为解决此困境提供了有效途径。社区居民之间的互惠合作是社区居民进行知识转移活动的重要影响因素，帮助社区居民从"单兵作战"到"合作共赢"的思维模式转换，更加体现"社会人"的内涵，发挥"社会人"的作用，承担"社会人"的责任。

在社区的乡村旅游发展中，社区居民之间基于互惠合作建立的关系能为知识转移和交换活动提供动力。知识转移作为社区居民之间一种典型的知识交换活动，互惠合作能为此创造积极的影响机制。在日常的社交活动以及关于旅游经营活动的交流中，当社区居民认为对方向自己提供了有价值的知识，能对自己改善和提高经营行为产生帮助时，他也会真诚地向对方提供自己的知识作为回报。社区居民之间这种你来我往的互惠互利的知识转移活动，能加速社区居民之间的知识转移和交换。Nicholas 指出，社区居民之间的互惠合作，有助于社区居民的利益最大化，增进整体福利，从而提高社区居民之间知识转移和共享的意愿，进而改善彼此旅游经营与管理活动。从访谈的情况来看，也有很多访谈实录能佐证当地社区居民之间经常开展互惠合作行为来促进知识转移。社区居民之间关于互惠合作与知识转移关系的部分访谈实录见表3.3。

表 3.3　社区居民之间互惠合作与知识转移

主要构念	因果关系证据（社区居民访谈实录）	主要构念
互惠合作	"前两年，他告诉我，游客现在每到一个地方，就会问 Wi-Fi 是多少。没有 Wi-Fi，游客就不会来住的。Wi-Fi 是游客特别重视的一项旅游服务。所以我在家装了无线网络，把密码都贴在墙上。还是要谢谢他跟我分享经验。" "我上次也是在网上看了报告，说现在自驾游的市场在整个中国旅游市场中的比例越来越高，划几个停车位，能吸引这部分游客。我就告诉他们了。因为他们也经常会告诉我一些新的东西。" ……	知识转移

据此，我们提出如下命题：

命题 6：社区居民之间的互惠合作能增加彼此共同的价值和收益，能激发知识转移的合作行为，显著促进知识转移。

3. 社区居民之间的共同愿景与知识转移

乡村社区建立的基于社区居民共同体的共同愿景，能有效地凝聚人心，形成正面向心的合力。从"各自为战、各取所需"到"统一思想、统一战线"，收获的不单单是"人心齐、泰山移"的众志成城，更重要的是整个乡村凝聚力的提升、旅游形象的升华、品牌的塑立、影响力的传播，共同愿景促成了更多的分享活动，也正面影响了社区居民之间的知识转移。

例如，在访谈中，长兴县顾渚村的沈老板谈及了共同愿景对社区居民之间知识转移的影响，肯定了共同愿景的积极作用。他跟我们做了如下分享：

"我们顾渚村的一个典型例子和变化就是，原来部分农家乐经营户为了抢夺客源，捕猎山上野生动物以此吸引游客，极大地破坏了我们当地的生态环境，破坏了乡村经营环境的秩序，搞得乌烟瘴气，我们自己都觉得很乱。为避免类似现象重复发生，我们顾渚村成立了农家乐管理协会，出台星级农家乐的评定标准。这个标准将农家乐分为三个等级，分别为三星级、二星级、一星级。从农家乐开办所必须具备的基本条件、住宿、餐饮、活动项目和组织管理等五个方面，详细界定了具体标准，提出了具体要求。同时，顾渚村制定统一的价格标准，规范了住宿、餐饮、旅游活动项目等价格。这一系列措施使顾渚村的"农家乐"往更加规范化、更加专业化方向发展，改善了当地乡村旅游经营的秩序，推动了乡村旅游有序、良性的发展，显著地带动了当地乡村经济的发展，受到了当地社区居民的大力支持和赞同，社区居民们积极遵守社区委员会的要求，达成旅游发展的共同愿景。"

对于一个乡村社区来说，社区应积极组织和引导社区居民构建一个受到集体居民认可的共同愿景，有助于社区居民之间建立共同的工作制度和价值观，促进社区居民之间建立紧密的情感连带，产生共同行动。

例如，在访谈中，安吉大溪村的王老板特别提到乡村旅游发展一定要有目标，这个目标既能指导和引领社区居民的行为，而且大家也要为实现共同的目标努力。只有这样，整个社区以及所有居民才能共同受益。他也跟我们做了如下分享：

"我们大溪村农家乐自从1998年开始至今，为实现树立'湖州农家乐第一村'的美好形象，打造'省级农家乐示范村'等一系列共同目标，进行了很多改革性的尝试，例如我们大溪村逐步从原有低、小、散的农家乐模式，转变为讲品质、多形式、全方位的新型生态农家乐和高端精品民宿。这种转型虽然遇到过很多问题，但所有社区居民愿意互相分享知识，慢慢地，我们社区成功形成了规范化的农家乐运作模式，使所有居民共享社区乡村旅游发展的成果。"

在共同愿景引领下，社区居民之间能聚焦于共同的目标，激发共同的个人努力，整合个人和集体资源，愿意分享和转移个人的知识与经验。同时，社区居民在共同愿景和目标的驱动下，化"被动"为"主动"，积极学习新知识，特别是新产品的包装和营销、游客心理需求的变化、家庭硬件设施的标准等知识与信息，并通过小组学习和个人交流等形式，实现知识在社区居民之间的转移。共同愿景降低了社区居民之间知识转移监督的需要，能使知识在社区居民之间快速转移，提升知识转移和分享的意愿，从而有效地发挥知识在促进乡村旅游发展中的积极效应。社区居民之间关于共同愿景与知识转移关系的部分访谈实录见表3.4。

表3.4 社区居民的共同愿景与知识转移

主要构念	因果关系证据（社区居民访谈实录）	主要构念
共同愿景	"为了整个村有更好的发展，大家有了共同的目标，就会为实现这个目标而不计个人得失，你有什么可以分享给大家的，就会分享出来的。"	知识转移
	"上次开社区居民大会，大家坐在一起讨论旅游发展的目标、出现的问题以及解决对策，请大家发表意见和看法。我就会跟大家分享我的一些好做法和经验。因为大家都是为了村子变得更好，为了共同目标。"	
	......	

据此，我们提出如下命题：

命题7：对于一个乡村社区来说，应该构建基于社区居民共同体的共同愿景。这个共同愿景能激发社区居民个体的努力和促成集体行动，会显著促进知识在社区居民之间转移。

3.3.4　社会资本对居民旅游支持态度的影响

乡村社区一直以来是中国传统乡土社会的代表，社会关系在乡村社区的发展中一直扮演着非常重要的角色。同样，对于每一个乡村社区来讲，乡村旅游在从无到有、从有到优的发展阶段中，社区居民之间的社会关系或显或隐发挥着重要作用，激发了社区居民参与乡村旅游的热情、支持乡村旅游发展的积极态度。在乡村社区内部，社会关系主要体现在人与人之间的人际信任、邻里互惠合作以及共同愿景等。

从访谈中，我们也发现，社区居民之间的人际信任对社区居民的旅游支持态度存在影响。信任能消除社区居民之间由于信息不对称所引起的敌意，降低在旅游经营活动中的竞争伤害，增强对邻里关系的满意度，提升乡村社区发展和旅游发展的信心，提升居民支持旅游发展的态度。

长兴县顾渚村的王老板就提到了信任以及旅游发展的共同愿景对社区居民旅游支持态度有积极作用，能大大提升社区居民对乡村旅游发展的信心。他跟我们做了如下分享：

"以前大家为了吸引客人，经常会搞出很多噱头，这种故意搞恶性竞争的行为、欺骗性的行为弄得大家都互相防着对方，很多社区居民经营旅游行为都不是快乐地做生意。随后出现好几起投诉事件，一些家庭的经营行为受到警告和处罚。县里和社区都意识到问题的严重性了，开始号召社区居民要有集体意识，不要只图一个家庭的短期利益。社区是属于大家的，搞农家乐要一起赚钱，要维护好彼此关系，还像以前大家经常串门聊天拉家常一样，跟对方依然是彼此信任的好邻居。后来，大家都逐步意识到了自利行为害人害己。现在大家都会站在整个社区旅游发展的高度，让自己的旅游经营融入整个社区的发展中，积极主动地出一份力，集体行动也多起来了。而且大家现在明显比以前更有凝聚力了，邻里关系变好了。大家现在一致支持乡村旅游发展。"

此外，从访谈中发现，社区居民还普遍认为彼此之间建立互惠合作的关系，有助于实现共赢，彼此共同享受旅游发展带来的胜利果实。在此情境下，社区居民往往会更加支持乡村旅游的发展，希望旅游发展持续促进当地社区经济发展、持续增加居民的收入、持续提高社区居民的生活水平、持续改善乡村社区的生活环境。

例如，安吉县大溪村的李老板就坚持认为，乡村社区内部居民之间应该积极合作，建立互惠互利、合作共享的关系。互惠合作不仅能使双方都增加收益，而且还能进一步促进社区内部合作氛围的形成和推广，甚至形成规范化的合作机制。这既有利于社区居民，也有利于整个社区的发展，社区居民也会有更大的热情和动力去支持旅游发展。李老板跟我们分享了他的个人观点：

"我们居民之间一定要有互相合作、彼此共同获益的理念。乡村旅游的发展是需要我们居民一起参与、共同行动才能获得更好的可持续发展。我们彼此之间可以多开展合作，比方说我这一家客房满了，我马上联系隔壁邻居，让他承接其他游客。如果大家多做一些有利于对方的事情，同时立马得到对方的回报，大家都愿意为了对方做一些牺牲，以此来建立更长久的、更和谐的关系，整个社区的氛围就立马会有很大的变化，大家都有精气神了。只要大家都获得收益了，在旅游发展中都收获了很大的价值，大家会变得很团结，马上能拧成一股绳，一起努力支持和推动乡村旅游发展。所以，互惠合作是一件多方共赢的好事。"

同样的观点在德清县的后坞村和碧坞村的访谈中得到证实。例如，德清县后坞村的钟老板，特别坚持互惠合作对社区居民以及整个乡村旅游发展有价值这一观点。他跟我们做了如下分享：

"我们当地乡村旅游的发展主要是依托天目山的自然生态环境优势，吸引了很多外地游客来这里旅游休闲和度假。我们的生态环境成为一个招牌，所以大家都要保护好生态环境。我们除了在日常的乡村旅游经营中要互相合作，共享共用很多资源，避免某一家资源闲置，通过这种合作，大家都会受益，这是互惠互利的好事。同时，更重要的是，我们要一起承担起保护自然环境的共同责任，不能让社区居民随意破坏环境，也要避免私下偷偷地给环境造成破坏的行为。因为环境保护好了，游客会来得更多、更频繁，这样大家的生意也都会更好，大家都会因此而受益。所以，我们当地居民之间的互惠合作不单单只是停留在乡村旅游的经营中，还应该体现在保护自然环境的责任担当上。"

需要指出的是，社区居民之间的社会关系是典型的社会资本的表现，这些社会关系构成乡村社区社会交往的基础，尤其是社区居民之间的信任关系、互惠合作关系以及建立共同愿景，都能凝聚社区居民共谋乡村旅游发展的信心，也能促进社区居民的集体行动，社区居民会主动积极地在乡村旅游活动中发挥着各自的作用，还能大大促进社区居民共同应对和解决乡村旅游发展中的公共事务，增加全体社区居民的获得感，从而大大提高居民旅游支持态度。基于此，社会资本会对居民旅游支持态度会产生积极影响。

3.4 本章小结

本章通过案例研究发现四个乡村社区的乡村旅游发展经历了不同的阶段，呈现出与旅游地生命周期理论所揭示的不同阶段的特征和问题相吻合的结果。其中，我们发现，两种力量在乡村旅游发展阶段以及居民旅游支持态度变化的过程中发挥了重要作用：一是知识，二是社会资本。其中，知识转移活动帮助社区居民实现了知识的转移和流动，丰富了社区居民的知识结构，弥补了知识缺陷，并通过知识的再利用和创新等活动，转化为改善旅游经营与管理水平、形成旅游发展新的共识和愿景、收获旅游发展的新成果等积极结果，从而提高居民旅游支持态度。以人际信任、互惠合作和共同愿景为要素的社会资本促进了知识转移，对提高居民旅游支持态度产生了积极作用。人际信任阐明了基于乡土社会的社区居民之间的人际关系，它构成了社区居民之间人际交往的社会基础。同时，社区居民本身作为不同知识的来源，掌握着互相有利于对方的知识和经验等，社区居民基于信任关系更愿意参与知识转移活动；同时，互惠合作所能产生的共赢预期与结果，能显著提高社区居民之间知识转移的意愿。共同愿景能使居民共同朝着集体目标付出努力，使个体行为产生集体效应，促进居民之间有知识转移。社会资本通过增进社区居民之间的社会关系和情感联络，提高社区凝聚力等方式，对居民旅游支持态度产生积极作用。社会资本、知识转移和居民旅游支持态度的概念关系如图3.3所示。

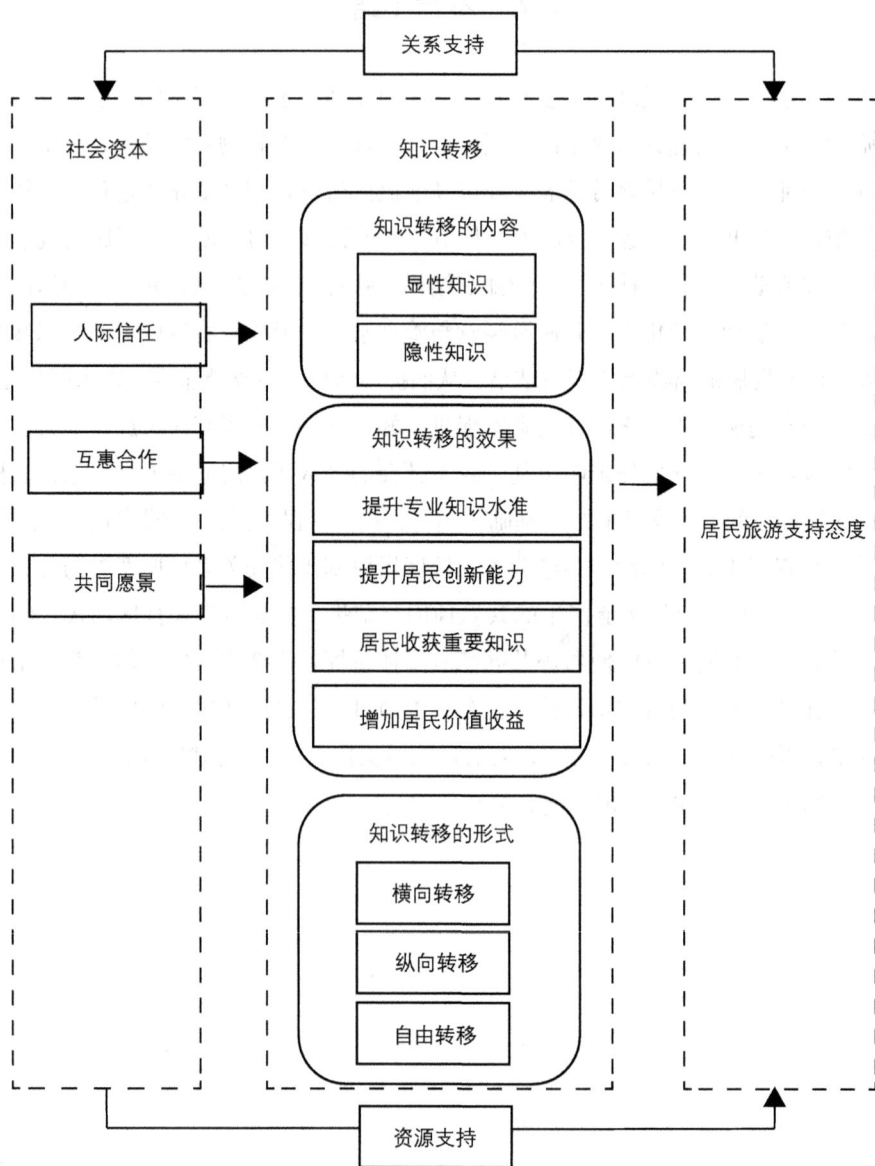

图 3.3　社会资本—知识转移—居民旅游支持态度概念模型图

第 4 章　研究假设的推演与概念模型的构建

　　通过第 3 章的案例研究，初步得出了社会资本、知识转移与居民旅游支持态度之间的影响关系，总结梳理了影响社区居民知识转移的三大社会资本维度，即人际信任、互惠合作与共同愿景。本章基于案例研究发现，结合文献回顾，进一步构建"社会资本—知识转移—居民旅游支持态度"的概念模型，并进行详细假设推演和论证。

4.1　社会资本与居民旅游支持态度

　　以往研究发现，社会资本是一种有利于社区居民和社区发展的关系与资源，能在社区居民的社会交往中产生纽带作用，从而影响个体的态度和行为。社会资本往往能增强社区居民之间的信任程度，建立良性的社会关系，促成社区居民共同支持乡村旅游发展的行动。在乡村旅游发展中，社会资本还有助于提高社区居民对社区的整体满意度，从而提高居民旅游支持态度。Nahapiet 和 Ghoshal 将社会资本划分为关系维度、结构维度和认知维度三个维度，该三维框架得到了广泛应用。其中，关系维度是指关系本身的性质和根植于关系中的资源，信任是核心内容；结构维度是指网络内行动者之间联系的模式，主要考察社会网络中成员之间的联系对个体行为的影响，互惠合作是其重要内容；认知维度是指社会关系中的共同语言与编码、共享的价值观及共同愿景等对集体目标和行为方式的理解，主要体现的是成员集体遵守和认可的共同准则、共享价值与规范，共同愿景是其最重要的指标。因此，本书借鉴 Nahapiet 和 Ghoshal 的理论框架，分别从人际信任、互惠合作与共同愿景三个层面探讨社会资本对居民旅游支持态度的影响。

4.1.1 人际信任与居民旅游支持态度

在乡村社区层面，社会资本中最重要的元素就是信任。信任被视为成员间的一种共同约定与期望，是个体之间社会交往和行动的基础，有助于在频繁的社会交往中建立良性互动、相互支持的社会关系。信任是个体相信他人会根据自己的预期和期望，实施和采取有利于彼此的行动。信任不仅有助于个体间建立更加紧密和亲近的社会关系，还可以超越建立的正式合作机制，从而促进个体共同的支持态度与行动，并努力实现共同目标。

在乡村旅游情境下，以往研究证实了信任对提高居民旅游支持态度的正面影响。这种影响主要通过提高社区居民的社区认同感，社区居民对旅游发展的正面评价以及社区居民满意度，进而提高居民旅游支持态度。

一方面，社区居民之间的信任，有助于建立共同的准则和群体认同感。这是社区开展集体活动的基础，能提高社区居民的社区认同感和归属感，从而促进社区居民支持旅游发展。同时，社区居民的社会交往所产生的信任能构建起"公民社区"意识，形成支持旅游发展的共识，提高社区居民支持旅游发展的积极态度。此外，信任能使社区居民对未来具有较高的一致性预期，这种预期使得社区居民彼此相信对方不会做出有损于自己的行为，从而会在共同诉求下形成一致的旅游支持态度。

另一方面，信任通过促进社区居民来提高对旅游发展的正面评价和满意度进而提高居民支持旅游发展的态度。Vargas-Sanchez 等通过比较基于旅游发展的收益和成本发现，社区居民之间相互信任的关系能够促进和提升居民对社区与旅游发展的满意度，这种满意度能形成居民对旅游发展的正面评价，从而提高居民对旅游的支持态度。同时，他们发现满意度的负面感知会降低社区居民的旅游支持态度。这种观点也得到了 Andereck 和 Vogt、Huh 与 Vogt 的证实。他们研究发现，社区居民对旅游发展正面和负面影响的感知会影响居民对旅游发展的支持态度。Nunkoo 和 Ramkisson 也指出，对旅游发展满意度低的社区居民，往往对旅游产生的负面影响比较敏感，这种负面感知会影响他们对旅游发展的认知和支持态度；相反，对旅游发展满意度较高的社区居民，往往能形成较为积极的支持态度。

基于上述分析，本书提出如下假设：

H1：人际信任对居民旅游支持态度具有正向影响。

4.1.2　互惠合作与居民旅游支持态度

互惠合作作为社会资本的重要指标，有助于增加个体的个人利益以及各方的共同利益，从而提高其对某一现象或者行动的支持态度。个体对互惠合作的追求往往能建立和形成有利于彼此的社会关系，弱化个体对自我利益的片面追求，促成共同的支持行动。在现实社会生活中，个体的经济行为不仅仅受到个人利益暂时获取的影响，还受到互惠互利、长久合作等社会偏好的影响。社会资本的一大价值就是能把分散的社会个体凝聚起来，建立互惠合作的关系，形成一种利他主义的奉献理念。个体之间为追求互惠互利的结果，往往容易形成"同向"的支持态度。

以往研究发现了互惠合作对乡村社区居民旅游支持态度具有积极影响。这种积极影响主要通过社区居民之间建立互惠性规范来改善居民支持旅游发展的态度，以及增加共同价值收益来影响居民旅游支持态度。

在乡村社区内，传统乡土社会的血缘和地缘关系，为社区居民之间建立互惠合作关系打下了坚实的社会基础，使得社区居民之间更容易建立互惠合作的关系，形成互惠合作的价值取向，增加共同利益，能够以一种非契约的方式促进社区居民共同支持乡村旅游发展。互惠合作可以在社区居民之间形成一种互惠性和约束性的行为准则，规范社区居民的旅游经营行为，消释社区居民的个体利益冲突，从而有效引导社区居民共同参与旅游发展。Francis Fukuyama 发现，社区居民之间的社会交往能增加社区居民的社会资本，激发社区居民开展互惠合作的意愿，构建起良好的伙伴关系。此外，互惠合作有助于提高社区居民之间的凝聚力。这种凝聚力可以转化为社区居民的集体效能感，进而转化为支持旅游发展的态度。Krackhardt 指出社区居民之间建立互惠合作的社会关系，有助于社区居民从乡村旅游整体发展中增加价值收获，乡村旅游将作为一个整体来获得社区居民的支持。

基于上述分析，本书提出如下假设：

H2：互惠合作对居民旅游支持态度具有正向影响。

4.1.3　共同愿景与居民旅游支持态度

共同愿景代表社区成员之间普遍认同的集体目标和共同愿望，能促进所有成员对行为和愿景的共同理解，从而形成个体的共同支持行为。Weick 等认为，当集体目标和价值追求呈现一致的时候，大家的共同努力会朝着特定的方向前进。共同愿景体现了成员共同认同且愿意发自内心为之努力的目标和意愿，能激发群体成员的凝聚意识，促进个体就个人行为方式、个人追求和集体目标达成共识。

过往研究发现共同愿景对乡村社区居民旅游支持态度具有积极影响。这主要有两种作用路径。第一，共同愿景通过增加共同福祉、促成集体行动从而提高居民旅游支持态度；第二，共同愿景还能通过增强社区居民的自豪感、归属感和凝聚力，提高居民旅游支持态度。

在乡村社区中，乡村旅游发展的目标是让每一个乡村社区居民都从中受益，增加居民的共同福祉，这就要求社区居民为实现个人利益和集体福利的共同增加而付出努力。社区组织和引导社区居民制定共同愿景，为乡村旅游发展凝聚集体行动提供了一种全局性的解决方案。例如，Taylor 在其研究中就指出，共同愿景是社区和居民共享的目标和准则，有助于激发社区居民集体支持旅游发展的态度和行为。类似的观点也在 Pretty 和 Ward 的研究中得到印证。他们指出，共同愿景有助于激发社区居民形成共同的价值观，并在某种程度上约束部分社区居民的不当行为，引导社区居民采取集体行动，这种集体行动将以共同支持旅游发展的态度和行为体现出来。

另外，有研究关注共同愿景通过增强社区居民的自豪感、归属感和凝聚力，提高居民旅游支持态度。Baric 等研究发现社区居民认同乡村旅游发展的共同愿景能增强社区居民的自豪感，增强对乡村旅游发展的正面感知，并转化为支持旅游发展的行动。社区居民共同认同的乡村旅游形象和共同愿景，能提高社区居民的使命感以及增加社区居民对乡村社区的归属感，使社区居民愿意共同支持乡村旅游的发展，也主动愿意为乡村旅游发展付出共同努力。共同愿景还能为部分不文明的旅游经营行为提供一种道德约束，提高社区居民的整体凝聚力。这种凝聚力是社区居民的重要资源，能增加社区居民的整体"福利"，奠定了社区团结的新基础，激发社区居民的集体行动，提高居民旅游支持态度，共同支持乡村旅游发展。

基于上述分析，本书提出如下假设：

H3：共同愿景对居民旅游支持态度具有正向影响。

4.2　社会资本与知识转移

个体之间知识转移的问题，一方面由于存在着个人理性与集体理性的冲突，会降低知识提供者转移知识的意愿；另一方面，知识转移的无形性等隐性特征，导致知识转移行为难以被知识转移主体之外的第三方所客观观测，使得个体间非正式的知识转移行为难以大量发生。那么，是什么因素促使个体在非正式场合下愿意向他人转移知识？社会资本理论认为良好的社会资本有助于形成有效的沟通和交流方式，知识得以快速转移。Gamovertter 认为，个体间的交换行为往往嵌在社会关系结构中，个体间的非正式知识转移的核心在于人与人之间的社会交往，并且知识转移主体对知识转移行为起决定性的作用。

社会资本产生的重要收益就是知识的获取。以往研究证实社会资本和知识转移有很强的关联性，社会资本能直接影响知识转移的过程。本节借鉴 Nahapiet 和 Ghoshal 的社会资本理论三维度的分析框架，分别从人际信任、互惠合作与共同愿景三个层面探讨社会资本对个体间知识转移的影响。

4.2.1　人际信任与知识转移

社会资本理论强调，个体间的人际信任程度越高，彼此之间信息和知识的流通就会更加顺畅，有助于合作伙伴之间自由地转移知识。换言之，信任是促进知识转移的重要因素。同时，信任体现了个体对其他个体或群体的行为有信心，相信在与对方的社会交往或者交换行为中，对方会秉持公平合理的信念，实施友善合作的行为，同时还会尊重他人的权利。在此情境下，信任能更好地促进个体合作，提高个体知识转移的意愿，进而频繁实施知识转移行为。

以往关于人际信任与知识转移的研究发现，人际信任能通过以下两种方式促进知识转移：①提高双方知识转移的意愿；②促进社会关系，降低双方知识转移的难度。这两种方式使得信任大大提高了知识转移的意愿和效率，也为未来继续实施知识转移行为铺上了互信的道路。例如，Menon 和 Pfeffer 指出，信任不仅能促进个体的社会交换行为，而且能提高双方互相承担交换风险的意愿。高水平的信任关系降低了知识转移双方的竞争性，可以有效消除阻碍知识转移的因素，促进双方知识转移。Zand 认为，在知识转移过程中，信任能帮助知识转移方降低控制对方想法的冲动，转而接受对方对自己想法施加积极的影响，也愿意接受转移伙伴对转移行为的建议。一旦建立信任关系，就会产生更多的知识转移行为，彼此之间给予对方有用知识的意愿会明显提高，同时也更加愿意吸收对方的知识。Andrews 等强调，在某种程度上，信任可以超越建立的正式合作机制，在促进知识转移方面更加有效。信任能促进双方之间更频繁、更深入地沟通，减少对知识有效性的验证，大大提高知识转移的效率。信任还能促进转移双方对知识转移活动做出更加积极的归因，增强知识转移的信心，促进知识转移行为广泛发生。

已有研究发现，人际信任是促进乡村社区居民知识转移的重要因素。具体而言，人际信任能够改进社区居民的社会关系，并建立诚实的经营环境，提高社区居民知识转移的意愿，从而促进社区居民之间知识转移。

社区居民之间的知识转移的核心在于人与人之间的信任。人际信任能极大地提高社区居民之间知识交换的信心，改善彼此的社会关系，从而提高社区居民之间知识转移的意愿。乡村社区是人际互动频繁的社会空间，隐含着"关系亲密、守望相助和富有人情味"的基本内涵，信任建构了乡村社会秩序的基础，是社区居民社交行为和生活行为的社会原力。在乡村社区中，社区居民大多数从事农家乐、民宿、田园采摘、旅游商品销售等家庭旅游经营活动，他们是以非正式网络中的个体或家庭单元的形式存在，居民之间的知识转移往往是一种自愿行为。在此情境下，信任帮助社区居民对知识转移以及其他潜在的社会交换持有较强的信心，提高了主动分享和转移个人知识的意愿，并以此建立和维持长久信任关系的投资与回报。还有一部分学者指出信任促进居民之间建立更加良好的社会关系。Chiu、Hsu 和 Wang 研究发现信任有助于社区居民之间建立更加紧密和亲近的社会关系，这种社会关系能成为一种关键因素，大大促进居民之间的知识转移。这个观点得到了 Chang 和 Chuang 等研究证实。他们发现，社区居民之间基于信任建立的社会关系，有助于居民对双方的知识基础、知识领域都有更深入、更全面的了解，特别是识别和理解社区居民在旅游经营过程中积累的个性化、私有化的嵌在情境中的经验知识，从而实现对知识的有效转移和吸收。

社区居民之间良好的信任关系不但能够强化邻里关系的亲密性，促进彼此之间频繁沟通与交流，还能提高社区居民共享和转移知识的主观意愿，从而促进社区居民之间快速有效地开展知识转移活动。相反，一旦社区居民之间出现不信任，可能就会导致部分社区居民不愿付出最大的努力去转移自己的知识，也不愿意主动承担知识转移的后果，从而产生"道德风险"情况；同时，部分社区居民会隐藏自己的私有知识，反而更多地吸收和利用对方转移的知识，从而出现"逆向选择"的情况。社区居民之间的信任关系，还能促成居民对旅游产品和服务、游客需求信息等交换与共享，伴随而来的凝聚力消除了知识转移的多重障碍，社区居民之间转移知识的动力会大大增强，使得知识能快速、有效地在社区居民之间转移。

人际信任有助于建立诚实经营环境，从而提升社区居民知识转移的意愿，进而促进社区居民知识转移。在乡村社区中，社会交往中的人际信任能激发社会资本的力量，并在家庭这种最基本的社会群体中发挥作用。在乡村社区中，社区居民之间的信任关系可以让他们秉持诚实经营的原则，这将促进各方以更加开放的态度参与知识转移活动。Burg、Berends 和 Raaij 研究指出，当社区居民之间具有高信任和高承诺的关系时，往往促进社区形成诚实与开放的社区环境，就会提升彼此之间知识转移和分享的意愿。同时，基于居民信任关系建立的诚实经营环境，能避免部分居民的投机行为，确保知识不会被恶意挪用或者误用，保障了知识转移的准确性和有效性。信任还能帮助社区居民共同应对旅游发展中的复杂事务，从而大大提高解决社区共同问题的能力，并在此过程中促进更多个人知识的转移和共享。如果居民之间关系不和谐或者缺乏信任，就会减少彼此之间的承诺和责任，从而阻碍知识在居民之间的转移和共享，进而影响知识转移的结果。

基于上述分析，本书提出如下假设：

H4：人际信任对社区居民之间知识转移有正向影响。

4.2.2 互惠合作和知识转移

互惠合作作为社会资本结构维度的重要内容，强调了社会网络中成员之间的联系对个体行为的影响。互惠合作是知识生产活动的基本要素，也是促进知识转移的影响因素，并提升参与者对集体利益的"兴趣"。

以往研究发现，互惠合作有利于维持双方对共同利益的预期，并通过增加彼此的共同福祉来促进个体间的知识转移。在知识转移的现实过程中，个体往往会遭遇如下的窘境：一方面，个体知识转移之后可能会失去竞争优势的风险；另一方面，个体会对从对方转移的知识资源中获得的价值大小进行评估。两者之间的比较与权衡结果会影响双方知识转移行为发生的意愿和概率。换言之，如果知识提供方承担的知识转移成本不能从知识接受方那里获得补偿，或者知识提供方不能从知识转移行为中获得价值回报，知识转移行为就可能终止。互惠合作则为解决此困境提供了有效途径。社会学家 Gouldner 根据互惠准则原理，提出个体间的知识转移是相互公平的状态，互惠合作关系的建立使得双方各自站在公平友好的立场，能有效激发知识转移的意愿。Koka 和 Prescott 还指出合作伙伴在互惠与认同的合作气氛下，会加强知识的交流与分享的投入，并大大提高知识转移的效率。同时，从互惠合作预期的视角来看，知识提供方将当下自我知识转移行为视为对未来知识援助的前期投资，互惠预期越强，其就越相信未来能获得高回报，也更愿意在当下的知识转移过程中投入更多的精力和时间。同理，知识接收方将当下的知识接收行为视为对未来知识回报行为的预支，互惠预期越强，其越能感受到当下"知识负债"，未来也更愿意增加自身知识转移活动。互惠使得双方愿意投入更多的努力和时间去开展知识转移活动，并建立双方的情感依附，催生更频繁的人际互动和联系，对知识转移产生正面影响。Bock 的实证研究也证实了预期的互惠关系对知识转移和分享态度有显著影响。双方知识转移的互动过程中，是以公平互惠为前提的。通过判断对方意图或信念，形成如下两种行为倾向：对善意的行为进行回报或者对恶意的行为进行惩罚。从长远来看，互惠合作的预期对双方知识转移的激励作用相较于物质激励、经济激励更为显著且持久。

不少研究将知识视为知识转移活动中"有价值的资源"，互惠合作使得有价值的资源可以在个体间流动，并为个体所利用和创造，以此激发个体开展知识转移活动的意愿。Gherardi 和 Nicolini 指出，知识是一种优质的社会资源，个体掌握的知识越多，相当于掌握的社会资源就越丰富，也越能发展个体的社会关系。同时，知识是一种可以被交换的价值资源，知识转移活动在某种程度上来讲，也是一种价值资源的交换行为。个体拥有的知识越多，特别是知识的种类越多，就越能吸引他人与其交换的意愿和欲望。从这个层面来讲，知识转移行为是一种价值转让的社会行为。互惠合作会提高个体在知识转移中对知识的经济价值和社会价值的预期，进而产生知识转移行为。

以往研究证实，互惠合作是影响乡村社区居民之间知识转移的重要因素。互惠合作主要通过提高社区居民对旅游发展共同价值的预期和增强共同收益来提高知识转移的意愿，促进社区居民之间知识转移。

首先，在乡村社区内，社区居民基于共同互惠价值的预期，愿意实施互惠合作行为。当社区居民认为对方提供了有价值的知识时，他就会向对方提供自己的知识作为回报，并愿意与之建立良好持久的互惠合作关系，这种互惠合作的关系会显著促进居民之间的知识转移。同时，社区居民出于期盼共同的旅游价值而建立互惠合作关系，有助于减少社区居民之间的矛盾，降低各种潜在的冲突关系，弱化社区居民对自我利益的片面追求，由此促进整体福利的"扩张性发展"，促进知识转移行为的不断发生。另外，社区居民之间的互惠合作关系，有效降低了知识转移契约履行过程中监督和谈判的成本，提高了知识转移的自由度，从而大大促进知识转移。

其次，在乡村社区内，社区居民基于邻里关系和社会关系基础上建立的互惠合作关系，将成为一种有效的"价值资源"，这种价值资源能提高社区居民的共同收益价值，从而促进居民之间的知识转移。互惠成为社区居民之间行动的准则和坚守的道德红线，违背互惠原则的合作关系将难以持续维系下去，知识转移行为难以发生。因此，互惠合作将大大提高社区内部居民之间知识转移的意愿、促进知识转移行为的发生。此外，社区居民基于社区的地方依恋情感，使得彼此之间的合作行为更容易建立，频繁联系就会促进更频繁的知识转移活动。人们将知识转移和分享行为视作维系情感的一种手段、建立合作关系的一种方式，并且预期从知识转移行为中收获益处。Nicholas 指出，社区居民之间的互惠合作，有助于居民的共同利益实现最大化，增进整体福利，从而提高居民之间知识转移和共享的意愿。

基于上述分析，本书提出如下假设：

H5：互惠合作对社区居民之间知识转移有正向影响。

4.2.3　共同愿景和知识转移

社会资本理论认为，共同愿景代表着成员之间普遍遵循和认同的努力方向与目标。在知识转移过程中，倘若没有共同愿景和认知框架，成员之间就无法形成对任务和目标的共同理解，进而产生误解和冲突，甚至自利行为。拥有共同愿景的个体成员，往往更容易、更愿意转移知识。

共同愿景降低了知识转移双方之间相互监督的需要，有助于彼此建立更紧密的社会联系和情感关系，促成双方的共同行动。Chang 和 Chuang 研究发现共享的语言和愿景对知识转移具有显著的正向影响，当群体成员共享一个目标和愿景时，知识的转移更有效率。共同愿景还能促成成员间的相互理解，并为不同成员间的知识整合与转移创造一个约束机制。当一个群体拥有共同愿景时，他们完成目标的成功率会得到大大提高，效率也会得到更高。共同愿景能够建构起网络成员集体遵守和认可的共同准则、共享价值和规范，能使成员看到集体行动和目标的潜在价值与意义，这将进一步提高知识转移和交换效率。个体掌握的知识具有高度的嵌入性，也具有相对的主观隐秘性。在此基础上，个体间知识转移就需要共同价值观和共同愿景的引领，通过共同的活动来交流经验、分享心得，个体间的隐性知识得以转移。

很多研究证实了共同愿景会影响社区内部居民之间的知识转移。共同愿景主要通过促成社区居民的共同行动与实现共同目标，以及建立共同的价值观，能使居民看到集体行动和目标的潜在价值与意义，促进社区居民的知识转移。

在乡村社区内，共同愿景是社区共享的目标和准则，能促成社区居民的共同行动并努力实现共同目标，从而大大促进社区居民之间的知识转移。共同愿景是社区制定的受到居民一致认同和遵守的行为准则，如同一项大家必须遵守的"游戏规则"。这种规则有助于激发社区居民产生共同行动，为了实现共同目标，积极并主动愿意转移知识，促进居民个体的高度主观性和私有性知识在社区内部流通，并在乡村旅游发展中发挥效应。同时，共同愿景有助于社区居民之间的联系更加频繁，情感更加紧密，社区居民为了更好地理解共同目标，彼此之间愿意积极转移和共享知识。

此外，共同愿景有助于建立社区居民共有的价值观，激发社区居民之间的知识转移行为。共同愿景的一大价值就是能形成社区居民互相理解和团结的基础，形成居民共有的价值观。这种价值观往往来源于相似的文化背景和共同期望，有助于社区居民之间更好地转移和吸收知识，减少知识转移过程中的停滞时间，提升社区居民知识转移和分享的意愿，从而促进居民之间发生更多的知识转移行为。另外，共同愿景能使社区居民意识到乡村旅游发展的价值意义，在共有价值观的驱动下，社区居民之间互相学习对方的知识，互相转移各自的知识，激发了社区发展的活力，增强社区居民的自豪感，提高居民对知识转移价值意义的认知，进而促进社区居民之间知识转移行为的发生。

基于上述分析，本书提出如下假设：

H6：共同愿景对社区居民之间知识转移具有正向影响。

4.3　知识转移与居民旅游支持态度

知识转移理论指出，个体知识水平的变化与态度之间存在明显的影响关系，即个体拥有更高的知识水平，对事物的评价也更容易形成积极的态度。Fazio 在其研究中也指出，个体的知识和认知水平会对某一现象产生积极或消极的态度。

以往相关研究证实了知识转移对乡村社区居民旅游支持态度的积极影响。知识转移主要通过提高居民旅游经营和管理水平、增加旅游价值获得感，以及提升整个社区的知识水平与处理旅游公共问题的能力，提高居民旅游支持态度。

在乡村社区内，社区居民往往以农家乐、民宿、田园采摘等个体或家庭形式参与乡村旅游，每个社区居民代表着不同知识的来源。Davis 等研究证明，社区居民对知识了解和掌握的程度会显著影响其对待旅游业发展的态度。他们在长期的旅游经营和管理中，掌握了各自独立性和私有性的知识，积累了各自不同的经验，构成了多样化的知识源。社区居民之间知识转移就能互补各自的知识结构，丰富社区居民的知识存量，社区居民也能在互相学习中不断地改造和再利用转移的知识，以此提高社区居民的知识水平和经营管理技能，增加旅游价值获得感，从而提高社区居民的旅游支持态度。另外，社区居民渴望通过互相转移自身的隐性知识、经验和技巧来提高自身的经营和服务品质，以应付不断变化的市场需求。社区居民彼此互相学习转移最佳的旅游实践经验和管理方法，提高乡村社区的旅游形象和美誉度，增加社区居民的旅游价值获得感，还能提高社区居民对旅游发展的满意度，进而提高社区居民对旅游发展的支持态度。

以往研究发现社区居民知识转移有助于提升整个社区的知识水平、提高社区处理旅游公共问题的能力，从而提高社区居民的旅游支持态度。Pizam 和 Milman 曾指出，社区知识水平会影响居民旅游支持态度。乡村旅游的发展不仅为社区居民带来了旅游收益，也促进了社区居民之间知识的交换和转移。这种知识转移活动将显著增加社区的知识水平，有助于在社区内部形成知识转移的基础域，又会促进社区内部居民之间的知识转移活动。Brown 和 Duguid 也在其研究中指出，社区环境在促进知识转移和提高居民旅游支持态度方面扮演着重要作用。同时，还有一些研究认为，社区居民之间知识转移还能提高社区与居民应对和处理公共问题的能力、增强社区居民的自豪感与文化认同感，进而提高居民旅游支持态度。在乡村旅游发展中出现的问题，都将以"公共事务"（public affair）的形式出现在社区居民面前，社区居民之间知识转移有助于增强社区解决旅游发展事务的能力，共同应对社区旅游发展中的环境保护、文化传承、旅游竞争纠纷等诸多问题，形成社区居民对旅游发展的凝聚力。这种凝聚力将转化为社区居民更强的"集体效能"（collective efficacy），促成社区居民对社区旅游发展的共同使命感，提高居民旅游支持态度。

社区居民知识转移活动还能提高社区居民个体的思想水平和知识水平，促进社区居民对社区的文化认同和社区依恋，可以有效避免契约精神缺位等问题的集中出现，树立更强的文化认同。在此基础上，乡村旅游的发展让更多的社区居民意识到保护传统文化和振兴当地传统的价值和意义，社区居民之间的知识转移无疑将为保护和振兴乡村文化提供更多、更有效的措施与建议，增进对乡村文化的了解和认同，提升乡村文化的旅游价值和精神传播价值，也能更好地满足社区居民的文化艺术需求，提升社区居民的生活质量，进而提高居民旅游支持态度。

基于上述分析，本书提出如下假设：

H7：知识转移对居民旅游支持态度有正向影响。

4.4　本章小结

通过上述理论阐述和假设演绎，本研究认为，在乡村旅游情境下，社会资本是提高居民旅游支持态度的重要影响因素。具体来讲，社会资本的人际信任、互惠合作和共同愿景这三项指标会对居民旅游支持态度产生显著影响。另外，社会资本对社区居民之间知识转移具有积极作用。具体来讲，社会资本的人际信任、互惠合作与共同愿景这三项指标会显著促进社区居民之间的知识转移。此外，知识转移主要通过提高社区居民旅游经营和管理水平、增加旅游价值获得感，以及提升整个社区的知识水平和处理旅游公共问题的能力，提高社区居民的旅游支持态度。

在此基础上，本研究构建了"社会资本—知识转移—居民旅游支持态度"的研究假设概念模型（见图4.1）。

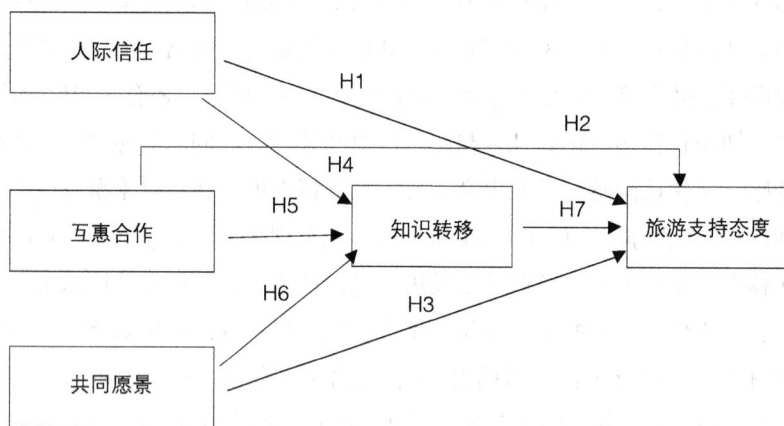

图 4.1　研究假设概念模型

第 5 章　研究设计与样本分析

　　本章主要根据第 4 章确定的研究假设模型，开展研究设计，并基于对社区居民进行问卷调查获取的大样本数据，对样本数据进行统计分析。为了确保和提高研究样本数据的可靠性，本研究科学地设计调查问卷内容、制定研究量表和严谨地搜集样本数据。本章主要阐述了研究抽样地点的选择、问卷的设计和构念测量量表的来源，之后通过一系列的数据分析方法对样本数据进行描述性统计、正态分布检验、共同方法偏差检验、信度和效度检验等，以此保证研究样本数据的可靠性和下一章假设检验结果的有效性。

5.1　抽样地点和数据搜集

5.1.1　抽样地点

　　本研究选取浙江省湖州市的长兴县顾渚村、安吉县大溪村以及德清县后坞村与碧坞村四个乡村社区作为研究案例地，主要以当地社区居民为研究对象（见表 5.1）。乡村旅游是这四个案例地的主导产业，当地社区居民全家参与或者部分参与乡村旅游，基本形成全民参与旅游的局面。过去数十年，这四个案例地乡村旅游的快速发展基本实现了旅游富村、旅游富民的目标，获得了社区居民对旅游发展的大力支持。当地社区居民积极互相学习，互帮互助，邻里关系和睦；同时，社区居民充分发挥集体智慧，共同支持乡村旅游的发展，乡村旅游发展模式和成就在全国范围内具有一定的代表性和引领性，这也是本研究选取该区域作为实证研究案例地的重要原因。

表5.1　案例地乡村旅游发展基本概况

项目	顾渚村	大溪村	后坞村	碧坞村
人口数量／人	2567	2087	1606	896
农家乐数量／家	488	282	186	132
发展模式	景区＋农家乐	景区＋农家乐	农家乐＋洋家乐并存	农家乐＋洋家乐并存

注：数据来源为各乡村社区委员会（2017 年 6 月）。

5.1.2 问卷调查对象

在具体的问卷调查中，本研究的调查对象主要是四个案例地从事乡村旅游的社区居民（详细的问卷设计内容见附录2）。调查对象主要从事农家乐、民宿、旅游商品销售、旅游交通服务、田园采摘等乡村旅游经营业务。例如，顾渚村的社区居民主要从事农家乐、民宿和田园采摘业务，部分社区居民从事旅游交通服务，如提供游客包车接送服务；大溪村的社区居民主要从事民宿、农家乐、田园采摘或者旅游商品的销售等业务；后坞村和碧坞村的社区居民主要从事农家乐和民宿业务。

对于问卷调查对象的抽样，一方面通过调查团队调研期间所住民宿的老板介绍，向其他社区居民进行问卷填写；另一方面，调研团队自行入户调研，选择在调查对象休息间隙或者不忙期间，阐明调查的目的并征得其同意后开始问卷调查。作者从浙江大学雇用了6位学生助理，并在调研之前进行了不小于1个小时的培训，确保研究助理清晰地理解问卷题项的内容、掌握如何选择调查对象以及如何与调查对象进行沟通等相关技巧。

具体调查对象的有效样本分布为：顾渚村226份，大溪村193份，后坞村106份，碧坞村83份，具体详见表5.2。在问卷调查中，先向社区居民阐述了本次问卷调查的目的和意义，然后向社区居民解释了问卷每部分调查内容的意思，在保障每位社区居民充分理解问卷题项意思的基础上，请居民客观地填写问卷。问卷调查分两次，分别于不同时间进行调查，总共调查了900位社区居民，并针对搜集来的问卷，统计有效问卷，剔除无效问卷，形成最终608份有效的样本数据，有效问卷回收率为67.6%。具体问卷调查对象的详细信息见表5.8。

表5.2 问卷调查对象基本情况

案例地	调查对象	从事业务	有效样本数量（份）
顾渚村	社区居民	农家乐、民宿、旅游交通、旅游商品销售	226
大溪村	社区居民	农家乐、民宿、旅游商品销售	193
后坞村	社区居民	农家乐、民宿、田园采摘	106
碧坞村	社区居民	农家乐或民宿	83

注：数据来源为问卷搜集统计。

5.1.3 数据搜集

本研究主要采取问卷调查的方式搜集数据。调查对象主要以乡村社区内从事乡村旅游的社区居民为主。问卷的发放和搜集主要由作者本人和研究助理共同完成，分两次调研搜集问卷。第一次于2016年10月到12月，共发放问卷400份。第二次于 2017 年 3 月到 5 月，共发放问卷 500 份。两次问卷发放都对案例地从事乡村旅游的社区居民进行调查，并指导社区居民对问卷题项和内容进行客观回答与评价。

5.2　问卷设计与变量测量

5.2.1　问卷设计

问卷调查法是社会学、管理学、心理学等诸多学科广泛使用的用来搜集一手数据的主流调查方法。问卷调查法的特点是快速、有效、廉价，而且在调查过程中能够准确地掌握受访者的情绪状态和回答态度。在问卷设计中，尤其是针对研究构念的量表设计，必须确保问卷题项的措辞和内容便于理解，避免出现歧义。一般来说，研究量表的设计主要有两种方法：一是使用现有成熟量表；二是自行开发设计量表。陈晓萍、徐淑英和樊景立指出使用现有成熟的研究量表具有以下优点：①在当前已有文献中占据一定地位的、引用率和引用次数均较高的研究量表，已被证明具有很高的效度和信度；②被大量文献反复使用的研究量表，以及发表在国内外权威期刊上的论文的研究量表，一般来说，其内容和结构备受认可，较少受到质疑。同时，陈晓萍、徐淑英和樊景立指出，使用已有成熟的研究量表过程中，必须注意以下问题：①概念上的适用性。某些研究量表中的概念是基于西方文化，与我国情境下的概念在含义上是否具有一致性？②文化上的适用性。西方文化情境下的受访者与我国文化情境下的受访者，在对问项的理解和回答上是否能保持一致性？③语言上的适用性。将西方文化情境下的研究量表转译成中文后的意思是否能保持一致性？基于此，本研究遵循国际上主流的做法，即采用现有成熟的研究量表，并加以情景化的修改，以此保证和提高量表的质量与稳定性。

本研究设计的调查问卷主要包括研究目的介绍，人口统计基本变量（性别、年龄、学历等）以及研究主要构念测量题项三部分。研究构念测量的题项主要参考已有文献中较为成熟的研究量表，通过"反向翻译"的方式将已有量表中的英文测量问项翻译为中文，并请相关专业人士进行校对和修改。同时，根据本研究所选择的情境和调查对象，对量表中的部分题项进行了情境化修改，增加对研究情境的适应性。正如第 2 章文献综述中，诸多研究量表的开发和测量是基于西方文化和情境的，部分测量问项并非直接适用于中国文化和情境的。因此，针对西方学者开发的量表和问项，我们通过小规模的深度访谈以及结合专家的意见，修改和编制了适合本研究情境的量表，并通过探索性因子分析，对研究量表的内容和结构进行检验。

5.2.2 变量测量

通过大量文献的阅读和梳理，本研究的核心构念的操作化定义和测量主要如下。

5.2.2.1 人际信任

本研究的人际信任是根植于同一个乡村社区内，社区居民彼此之间在日常生活和乡村旅游发展中建立信任关系，这种信任既能产生彼此之间互相帮助的作用，同时也相信对方的承诺和为人，在未来的旅游发展中也能激发更多的友好关系与合作意愿。本研究基于 Dallago 等所编制的研究量表，并结合本研究情境，编制由 3 个测量题项组成的研究量表（见表 5.3），用来测量社区居民之间的人际信任。研究量表由受访的社区居民按照 Likert 7 点量表法进行自评（7= 完全同意，1= 完全不同意）。

表 5.3　人际信任的测量量表

编号	测量题项
IT1	我非常信任住在社区里的人
IT2	我能从社区其他人那里得到帮助
IT3	总体来说，我能相信社区里的其他人对我许下的承诺

注：测量题项来源 Dallago。

5.2.2.2 互惠合作

本研究的互惠合作是在同一个乡村社区内，社区居民之间在公平自愿的基础上，彼此信守诺言，也为了获得彼此双方各自的收益而愿意进行合作的行为，并且愿意为了彼此合作付出应有的努力和牺牲，分享各自的资源，这种合作能带给彼此双方预期的收益和价值，使得这种合作能一直持续下去。本研究基于 Nahapiet 和 Ghoshal、Inkpen 与 Tsang 等研究中所编制的研究量表，编制了由 4 个测量题项组成的研究量表（见表 5.4），用来测量社区居民之间的互惠合作。研究量表由受访居民按照 Likert 7 点量表法进行自评（7= 完全同意，1= 完全不同意）。

表5.4　互惠合作的测量量表

编号	测量题项
RC1	居民之间互惠合作让我获益很多
RC2	居民合作方有我方所需的互补性知识和资源
RC3	居民之间的合作双方忠实执行各自的承诺
RC4	居民之间的合作各方对合作的人力和物力投入充分

注：测量题项来源为 Nahapiet 和 Ghoshal；Inkpen 和 Tsang。

5.2.2.3 共同愿景

本研究的共同愿景是在同一个乡村社区内，社区居民为了一起支持和推动乡村旅游的发展而建立的共同目标与长远愿景。这个共同愿景能促成社区居民的集体行动，社区居民也为了实现共同愿景愿意付出努力和做出牺牲。本研究基于 Tsai 和 Ghoshal 研究中所使用的量表，编制了由 3 个测量题项组成的研究量表（见表5.5），用来测量社区居民的共同愿景。研究量表由受访居民按照 Likert 7 点量表法进行自评（7= 完全同意，1= 完全不同意）。

表5.5　共同愿景的测量量表

构念与编号	测量题项
SV1	我们社区内的人愿意与别人分享相同的目标和愿景
SV2	共同愿景帮助居民有明确的努力目标和完善的工作制度
SV3	我们社区内的人对于追求集体目标和任务都有很大的热情

注：测量题项来源为 Tsai 和 Ghoshal。

5.2.2.4 知识转移

本研究基于 Oksotva 的研究量表，编制了由 4 个测量题项组成的研究量表（见表5.6），用来测量居民之间的知识转移。研究量表由受访居民按照 Likert 7 点量表法进行自评（7= 完全同意，1= 完全不同意）。

表5.6　知识转移测量量表

编号	测量题项
KT1	我们在知识转移中获得了很多重要的知识

续表

编号	测量题项
KT2	社区内部知识转移提升了居民的专业知识水准
KT3	社区居民对社区内部知识转移的效果满意
KT4	社区内部知识转移提升了居民的创新能力

注：测量题项来源为 Oksotva。

5.2.2.5 居民旅游支持态度

本研究基于 Nunkoo 和 Ramkissoon 的研究，编制了由 4 个测量题项组成的居民旅游支持态度的研究量表（见表5.7）。研究量表由受访居民按照 Likert 7 点量表法进行自评（7= 完全同意，1= 完全不同意）。

表5.7　居民旅游支持态度测量量表

编号	测量题项
SP1	我很支持社区积极发展旅游业
SP2	我很欢迎游客来本地旅游
SP3	旅游业是社区最重要的产业
SP4	发展旅游业是社区正确的发展方向

注：测量题项来源为 Nunkoo 和 Ramkissoon。

5.3　样本数据分析与检验

5.3.1　描述性统计分析

根据被调查的社区居民提供的基本信息，对样本数据进行了描述性统计分析，以了解样本的分布情况。具体统计情况如下：男性占50.5%，女性占49.5%。17 岁以下最少，占2.0%；18~25 周岁，占比11.3%；26~35 周岁、36~45 周岁、46~59 周岁，分别占比18.3%、15.6%、21.9%；60 周岁及以上，占比30.9%。访谈的居民中，高中（中专）学历最多，占比45.4%；其次是大学学历（包含本科和专科），占比29.8%；紧接着是初中学历，占比21.7%；小学以下学历与研究生以上学历最少，分别占比2.1% 和1.0%。详见表5.8。

表 5.8　样本人口统计学特征

统计项目	类别	样本数	比例
性别	男	307	50.5%
	女	301	49.5%
年龄	17 周岁以下	12	2.0%
	18~25 周岁	69	11.3%
	26~35 周岁	111	18.3%
	36~45 周岁	95	15.6%
	46~59 周岁	133	21.9%
	60 周岁及以上	188	30.9%
学历	小学及以下	13	2.1%
	初中	132	21.7%
	高中（中专）	276	45.4%
	大专 / 本科	181	29.8%
	研究生及以上	6	1.0%

注：N=608。

5.3.2　正态分布性检验

对问卷调查搜集的样本数据进行正态分布性检验是数据分析的关键步骤。Kline 认为，如果数据的偏度系数绝对值小于 3，峰度系数绝对值小于 8，则表明该数据符合正态分布。根据正态性分布检验结果显示（见表 5.9），所有量表题项的偏度系数绝对值在 0.003~0.668 之间，小于临界值 3；峰度系数绝对值在 0.132~0.714 之间，小于临界值 8，表明数据基本符合正态性分布，符合探索性因子分析，也适合用极大似然估计法进行参数估计。

表 5.9　大样本数据正态分布检验

测量问项	均值	标准差	偏度		峰度	
	统计量	统计量	统计量	标准误	统计量	标准误
IT1	4.8487	1.44195	−0.369	0.099	−0.132	0.198
IT2	4.8257	1.46318	−0.354	0.099	−0.205	0.198
IT3	5.2648	1.38975	−0.526	0.099	−0.139	0.198
RC1	4.7599	1.36377	−0.084	0.099	−0.406	0.198
RC2	5.0214	1.38283	−0.316	0.099	−0.339	0.198
RC3	5.2730	1.36119	−0.393	0.099	−0.515	0.198
RC4	5.3141	1.39840	−0.467	0.099	−0.484	0.198
SV1	5.7845	1.21276	−0.621	0.099	−0.645	0.198

续表

测量问项	均值	标准差	偏度		峰度	
	统计量	统计量	统计量	标准误	统计量	标准误
SV2	5.7549	1.23545	−0.599	0.099	−0.714	0.198
SV3	5.7171	1.26631	−0.668	0.099	−0.433	0.198
KT1	4.5181	1.59271	−0.094	0.099	−0.565	0.198
KT2	4.5230	1.61218	−0.119	0.099	−0.686	0.198
KT3	4.7385	1.55271	−0.226	0.099	−0.519	0.198
KT4	4.9671	1.50307	−0.382	0.099	−0.304	0.198
SP1	4.6842	1.40449	−0.003	0.099	−0.300	0.198
SP2	4.7763	1.43249	−0.078	0.099	−0.503	0.198
SP3	4.6678	1.48407	−0.094	0.099	−0.475	0.198
SP4	4.7188	1.51810	−0.240	0.099	−0.472	0.198

5.3.3 共同方法偏差检验

共同方法偏差（common method biases）是指因同样的数据来源、测量环境、项目语境以及项目本身特征所造成的预测变量与效标变量之间的人为共变，共同方法偏差检验是心理学、管理学、社会学以及行为学等众多学科领域的一个重要研究议题。Campbell 和 Fiske 最早发表在 *Psychological Bulletin* 上的"Convergent and discriminant validation by the MTMM matrix"，指出"系统误差方差对实证结果可能产生严重的混杂影响，产生潜在的误导性结论"，他们强调方法变异主要是使用的测量方法产生的变异。也就是说，研究中采用同样的方法测量不同的变量时，两个变量之间的相关性会因共同方法变异产生偏差结果，这种偏差就是所谓的共同方法偏差。Cote 和 Buckley 采用 CFA 方法，检验了横跨心理学、社会学、营销学、商学、教育学的 70 项采用 MTMM 矩阵研究中存在的共同方法偏差问题，发现平均每一项代表性研究测量中有 26.3% 的变异源自系统性测量误差，比如共同方法偏差。

共同方法偏差的来源可能包括同源效应（如主题一致性和内在相关性等）、测量情境（同一时间点或同一地点测量的预测和标准变量）、问项特征（问项的歧义或共同量表格式）、问项情境（问项的嵌入或语境引起的情绪）等。特别是，如果研究的样本数据来自单一来源，而且被调查者往往是以个人自我陈述或评价为主要的回答方式，那么这种搜集研究样本数据的方法则更加容易受到共同方法偏差的影响。一个普遍共识就是，如果不检验或者不控制共同方法偏差，那么共同方法偏差会对研究结果产生或高或低的影响。例如，一些研究通过比较在控制共同方法偏差和不控制共同方法偏差这两种情况下研究变量间的关系强度。研究发现：在不控制共同方法偏差时，变异解释的关系强度占 35%；而控制共同方法偏差时，变异解释的关系强度占 11%。此外，还需特别强调的是，有一种情况必须引起重视，由同一个答卷者在同一份调查问卷中，同时回答自变量和因变量的题项，成为共同方法偏差问题的所有来源中最普遍也是最严重的一个原因。

本研究设计的调查问卷主要采取 Likert 7 点量表，需要受访者——社区居民同时回答自变量和因变量。而社区居民对问卷测量题项的回答往往会基于个人的主观认知和评价，就存在出现共同方法偏差问题的可能。Fowler 曾指出，在具体的问卷调查中，存在四种被调查者会对问卷题项做出非正确性回答的情况。这四种情况分别是：①答题者不知道或者没有掌握问卷问题答案的信息；②答题者针对问卷提问的问题，无法回忆起相关情境来回答；③答题者知道问题答案的相关信息，但不想诚实回答这些问题；④答题者无法准确理解问卷问题。因此，共同方法偏差检验是本研究确保和提高研究结论可靠度的重要条件之一。

基于上述分析和阐述，根据 Podsakoff、MacKenzie 和 Lee 的建议，本研究主要通过事前研究设计和事后统计控制这两种途径，降低共同方法偏差对本研究结果的干扰。

（1）事前研究设计控制共同方法偏差

主要通过以下途径：第一，对调查问卷的内容设计进行仔细研究和揣摩，既保证测量题项有充分的理论依据和参考来源，也保证实际调查中社区居民便于理解；第二，在具体问卷调查中，向社区居民充分解释问卷的调查目的和问卷语句及内容的意思；第三，向社区居民表明问卷题项的填写不存在对错之分，全凭个人的主观认知填写，仅作研究统计分析之用；第四，向社区居民表达问卷调查不会透露个人隐私。

（2）事后统计控制共同方法偏差

共同方法偏差的检验有很多方法，例如 Harman 单因素检验法、偏相关法、潜在误差变量控制法、多质多法模型、误差的独特性相关模型、直接乘积模型（direct product model）等。在本研究的数据分析中，关于共同方法偏差的检验，主要采用 Harman 单因素检验法检验共同方法偏差。Harman 单因素检验法是基于如下假设：若存在共同方法偏差，进行因素分析时，要么析出单独一个因子，要么某个公因子解释了大部分的变异。检验的步骤和结果分别如下：将问卷中所有研究构念的测量问项不指定抽取几个因子，直接进行未旋转的探索性因子分析，检验第一个因子解释总方差的贡献率是否达到 50% 以上。如果超过 50%，则认为共同方法偏差问题严重。

Harman 单因素检验法的具体结果如表 5.10 所示，在未旋转的结果下，检验数据抽取出了 5 个因子，累计解释了总方差的 79.841%。其中，第一个因子解释了 36.808% 的变异情况，为方差总变异的 46.1%。分析结果充分显示，研究构念的测量问项所搜集的数据并不存在一个单一因子解释总方差变异达到 50% 以上的情况，这也说明在本研究中，共同方法偏差问题并不会对研究结果造成严重干扰。

表 5.10　Harman 单因素检验结果

成分	初始特征值			提取平方和载入		
	合计	方差的占比（%）	累积占比（%）	合计	方差的占比（%）	累积占比（%）
1	6.625	36.808	36.808	6.625	36.808	36.808
2	2.711	15.063	51.871	2.711	15.063	51.872
3	2.012	11.175	63.046	2.012	11.175	63.047
4	1.848	10.269	73.315	1.848	10.269	73.316
5	1.174	6.525	79.840	1.174	6.525	79.841
6	0.731	4.062	83.902			
7	0.508	2.823	86.725			
8	0.411	2.283	89.008			
9	0.382	2.124	91.132			
10	0.285	1.581	92.713			
11	0.269	1.494	94.207			
12	0.218	1.209	95.416			
13	0.197	1.092	96.508			
14	0.174	0.966	97.474			
15	0.155	0.861	98.335			
16	0.119	0.660	98.995			
17	0.105	0.582	99.577			
18	0.076	0.424	100.000			

5.3.4　信度与效度检验

5.3.4.1　信度检验

信度检验是一种测量评价体系是否具有一定的稳定性和可靠性的有效分析方法，它代表着测量工具的稳定性以及与测量结果的一致性。研究量表设计和编制的合理性与科学性将决定评价结果的可信度及有效度。关于研究量表的信度检验，Narasimhan 和 Jayaram 提出对量表结构的信度检验可以遵循如下两个步骤：第一步，进行探索性因子分析（explorative factor analysis，EFA），检测测量指标的维度结构；

第二步，采用 Cronbach's α 系数检验同一个潜变量下的所有观测变量的内部一致性情况。

在探索性因子分析之前，首先对数据进行 KMO 样本测试度检验和 Bartlett's 球体检验，以此考察数据是否适合进行探索性因子分析。以往研究一般认为，KMO 值大于 0.7、Bartlett's 球体检验显著时，研究量表和样本数据适合做因子分析。具体数据检验结果如表 5.11 所示，KMO 为 0.918，大于临界值 0.7。Bartlett's 球体检验的显著值也达到了 0.000 的显著性水平。这也充分说明本研究的样本数据适合做探索性因子分析。

表 5.11　KMO 样本测试度和 Bartlett's 球体检验

项目		数值
Kaiser–Meyer–Olkin（KMO）度量		0.918
Bartlett's 球体检验	近似卡方值	11441.476
	自由度 df	153
	显著性概率 Sig.	0.000

同时，本研究采用主成分因子分析的方法进行因子抽取，基于特征值大于 1 的抽取原则，因子旋转方法采用方差最大旋转法输出旋转后的因子解，最大收敛性迭代次数设置为 25 次，输出结果见表 5.12。初始因子通过主成分因子分析法抽取后，5 个因子能解释总方差的 84.899%。旋转后抽取的因子所能解释的方差的共同度相近，表明抽取的因子显著。

表 5.12　主成分探索性因子分析

成分	初始特征值			旋转平方和载入		
	总值	解释方差的百分比	累积解释方差的百分比	总值	解释方差的百分比	累积解释方差的百分比
1	9.489	52.716	52.716	3.432	19.066	19.066
2	2.224	12.354	65.070	3.214	17.856	36.922
3	1.348	7.487	72.557	3.134	17.411	54.333
4	1.215	6.749	79.306	2.784	15.469	69.802
5	1.007	5.593	84.899	2.717	15.097	84.899
6	0.563	3.126	88.025			
7	0.404	2.247	90.272			
8	0.290	1.613	91.885			
9	0.244	1.353	93.238			
10	0.206	1.142	94.380			
11	0.184	1.023	95.403			
12	0.179	0.992	96.395			
13	0.142	0.790	97.185			

续表

成分	初始特征值			旋转平方和载入		
	总值	解释方差的百分比	累积解释方差的百分比	总值	解释方差的百分比	累积解释方差的百分比
14	0.121	0.675	97.860			
15	0.116	0.644	98.504			
16	0.109	0.607	99.111			
17	0.088	0.488	99.599			
18	0.072	0.402	100.000			

本研究主要通过 Cronbach's α 系数检验量表内部结构的一致性情况，以此确定研究量表结构的质量。一般来说，Cronbach's α 系数越高，表明量表的内部结构稳定性越高。如果 Cronbach's α 系数大于 0.7，表明量表具有良好的信度。对主要变量进行分析结果显示（见表 5.13），所有研究变量的 Cronbach's α 系数均大于 0.7，表明了构念具有良好的信度和稳定性。

表 5.13　信度分析结果

研究构念	指标数量	Cronbach's α 系数
人际信任	3	0.935
互惠合作	4	0.909
共同愿景	3	0.941
知识转移	4	0.955
居民旅游支持态度	4	0.905

5.3.4.2　效度检验

效度主要是指观测变量对潜变量测量的有效性和准确性。效度检验主要包括内容效度检验（content validity）和构念效度检验（construct validity）。其中，内容效度检验是观测变量与潜变量之间在概念定义上的接近程度。换种说法，内容效度衡量量表的内容在多大程度上代表了所要测量的构念。为确保量表的内容效度，必须规避以下几种情况：①遗漏一些反映构念内容的测量指标；②包含一些与构念内容无关的指标；③在整体内容构成上，各成分指标比例失衡。而构念效度主要反映的是一组观测变量在理论上可以测量其相对应的潜变量的程度。换种说法，在具体测量中，构念效度是指理论构念与测量量表之间的一致性程度。一般而言，影响一个量表的构念效度往往会基于如下三种情况：一是研究的操作化定义出现了偏差；二是测量内容并没有完全充分地反映目标概念；三是量表本身缺乏信度。其中，构念效度主要从聚合效度和区分效度两个维度进行测量。

本研究效度检验对主要变量之间的聚合效度和区分效度进行检验。基于验证性因子分析的结果（详见表5.14），主要变量的组合信度全部大于0.6。同时，变量的平均方差抽取量也都大于0.5，说明本研究采用的测量模型具有良好的稳定性。另外，从结果来看，主要变量的测量问项的标准化因子负荷数据显示所有变量测量题项的标准化因子负荷普遍高于0.6（$P<0.001$），统计结果显示了良好的聚合效度。

表5.14　验证性因子分析结果

结构变量	问项代码	标准化因子负荷	CR	AVE
人际信任	IT1	0.948★★★	0.93	0.83
	IT2	0.947★★★		
	IT3	0.831★★★		
互惠合作	RC1	0.834★★★	0.91	0.72
	RC2	0.893★★★		
	RC3	0.861★★★		
	RC4	0.796★★★		
共同愿景	SV1	0.902★★★	0.94	0.84
	SV2	0.964★★★		
	SV3	0.892★★★		
知识转移	KT1	0.957★★★	0.95	0.82
	KT2	0.958★★★		
	KT3	0.898★★★		
	KT4	0.817★★★		
居民旅游支持态度	SP1	0.921★★★	0.91	0.73
	SP2	0.940★★★		
	SP3	0.922★★★		
	SP4	0.610★★★		

注：$N=608$；★★★表示$P<0.001$。

此外，对于区分效度的检验，本研究采用Fornell & Larcker的观点，即通过比较构念平均方差抽取量（AVE）的平方根与构念间相关系数来检验变量的区分效度。一般来讲，如果一个潜变量的AVE的平方根大于该潜变量与其他潜变量之间的相关系数，则表明该潜变量与其他潜变量之间具有明显的区分效度。如表5.15所示，所有构念的AVE平方根均大于与其他构念的相关系数，说明变量间的区分效度良好。

表5.15　构念区分效度检验

构念	1	2	3	4	5
1. 人际信任	0.91				
2. 互惠合作	0.60	0.84			

续表

构念	1	2	3	4	5
3. 共同愿景	0.23	0.37	0.92		
4. 知识转移	0.57	0.58	0.34	0.91	
5. 居民旅游支持态度	0.66	0.61	0.30	0.68	0.85

注：矩阵对角线为平均方差抽取量（AVE）的平方根，对角线下方为构念间的相关系数。

5.4 本章小结

本章主要从问卷设计、数据搜集、变量测量和数据分析方法等方面阐述了本研究主要采用的研究方法。众所周知，问卷设计的质量会影响数据的质量，也会影响检验结果的可靠性和有效性。基于此，本章首先介绍了问卷的设计和样本数据的搜集，尽可能地规避干扰因素，以确保回收数据的科学性和有效性。在变量概念化操作测量分析中，本研究主要借鉴了国内外较为成熟的研究量表，明确了因变量和自变量的测量方法，以保障变量测量的有效性。其次，通过对样本数据的人口统计学特征进行描述性分析，掌握了案例地居民样本的分布情况，以确保样本数据对整体的代表性。再次，通过检验样本数据的正态性分布情况，得出数据适合做下一步的最大似然估计法（maximum likelihood，ML）进行参数估计；通过检视共同方法偏差效应，规避了方法变异对研究结果的影响，确保了研究方法和数据对研究结论的支撑效应；通过信度和效度分析，验证了本研究量表结构的可靠性和有效性，表明数据适合做进一步的假设检验，这也为下一章的假设模型检验打下了坚实的基础。

第 6 章   数据分析与模型检验

本章主要对上文所提出的研究假设和模型进行检验。具体而言，通过采用结构方程模型检验以人际信任、互惠合作和共同愿景为要素的社会资本与知识转移、居民旅游支持态度的影响关系，以及知识转移与居民旅游支持态度之间的关系，以此为构建"社会资本—知识转移—居民旅游支持态度"的理论模型提供实证依据。此外，为更好地审视个体特征差异在社会资本、知识转移和居民旅游支持态度之间的差异效应情况，本研究还通过数据检验和比较居民的性别、年龄与教育程度等个体特征在社会资本、知识转移和居民旅游支持态度关系间的差异，剥离出不同类型的居民在影响关系中的特点，为未来更有针对性地指导和提升不同类型居民的专业知识、提高居民知识量广度和深度的路径提供强大的现实依据，促进不同居民在乡村旅游发展中形成合力效应，激发乡村旅游发展和乡村振兴的原动力。

6.1   结构方差模型检验

结构方程模型（structural equation modeling，SEM）是用来检验关于观测变量和潜变量以及潜变量与潜变量之间假设关系的一种多重变量统计分析方法，即根据所搜集的数据来检验基于理论所建立的假设模型。相比于回归分析只能检验估计一个因变量和多个自变量之间的关系，结构方程模型能同时检验多个因变量和多个自变量之间的关系，同时允许自变量和因变量存在误差，还可同时检验各指标测量问项的信度和效度，是一种更有效的数据分析方法。

因此，本研究主要采用结构方程模型对研究假设和模型进行实证检验。第 5 章分析了样本数据的正态分布情况，明确了样本数据各变量服从正态分布，适合用最大似然估计法（maximum likelihood，ML）进行结构方程模型估计。同时，研究量表的信度和效度也通过数据分析检验得到了保证，接下来主要使用 AMOS 17.0 对结构模型的整体拟合情况和研究假设进行检验。

6.1.1 模型拟合情况

根据结构方程模型统计输出结果，通过检视诸多拟合指数以验证研究假设和模型是论证研究结论的关键一步。结构方程模型中的指数是反映模型与样本数据吻合程度的统计量，体现着理论模型与现实数据的吻合情况。因此，首先必须明确假设检验中统计量的临界值。本书主要通过检验拟合指标、路径系数、t值等全面检验理论模型的整体拟合情况，以此验证本书提出的研究假设。在拟合指标的选择方面，综合选择 χ^2/df、GFI、CFI、TLI、IFI、NFI、RMSEA 等指标全面检验模型拟合状况。

基于前文构建的假设模型，整体拟合指标的分析结果见表6.1，其中GFI=0.899，略小于标准值0.9，但无限接近于标准值，其他 χ^2/df、CFI、TLI、IFI、NFI、RMSEA 等主要指标都符合标准值（临界值）的范围，这充分表明本书提出的假设模型与样本数据拟合度良好，也为下一步检验路径系数和论证假设结果提供了科学依据。

表6.1 研究模型适配度指标

拟合指标	拟合值	建议的拟合指标值的范围
χ^2/df	2.530	<5.0
GFI	0.899	>0.9
CFI	0.967	>0.9
TLI	0.958	>0.9
IFI	0.967	>0.9
NFI	0.946	>0.9
RMSEA	0.071	<0.08

6.1.2 路径分析与假设检验结果

为了更好地掌握主要变量之间的路径关系，明确假设检验结果的准确性，本研究将开展进一步的路径分析和结果检验。基于大样本数据的假设检验结果如表6.2所示，本研究提出的7个假设中6个假设得到数据支持，1个假设不成立。

具体来讲，人际信任、互惠合作对居民旅游支持态度具有正向影响（β_4=0.339，$P<0.001$；β_5=0.178，$P<0.001$），而共同愿景则不显著；人际信任、互惠合作和共同愿景对居民知识转移具有正向影响（β_1=0.345，$P<0.001$；β_2=0.322，$P<0.001$；β_3=0.144，$P<0.001$）；知识转移对居民旅游支持态度具有显著影响（β_7=0.375，$P<0.001$）。此外，因变量旅游支持态度的回归判定系数（R^2）为0.599，说明本研究的自变量解释了居民旅游支持态度59.9%的方差，显示了模型良好的效力。

表 6.2 总样本路径系数估计与假设检验结果

研究假设	标准化路径系数	标准误	t 值	假设检验结果
H1：人际信任→旅游支持态度	0.339***	0.049	8.322	支持
H2：互惠合作→旅游支持态度	0.178***	0.050	4.190	支持
H3：共同愿景→旅游支持态度	0.026	0.038	0.837	不支持
H4：人际信任→知识转移	0.345***	0.057	8.208	支持
H5：互惠合作→知识转移	0.322***	0.061	6.926	支持
H6：共同愿景→知识转移	0.144***	0.047	4.194	支持
H7：知识转移→旅游支持态度	0.375***	0.035	9.507	支持

注：*** 表示 $P<0.001$。

此外，结构模型的标准化参数输出结果如图6.1所示。

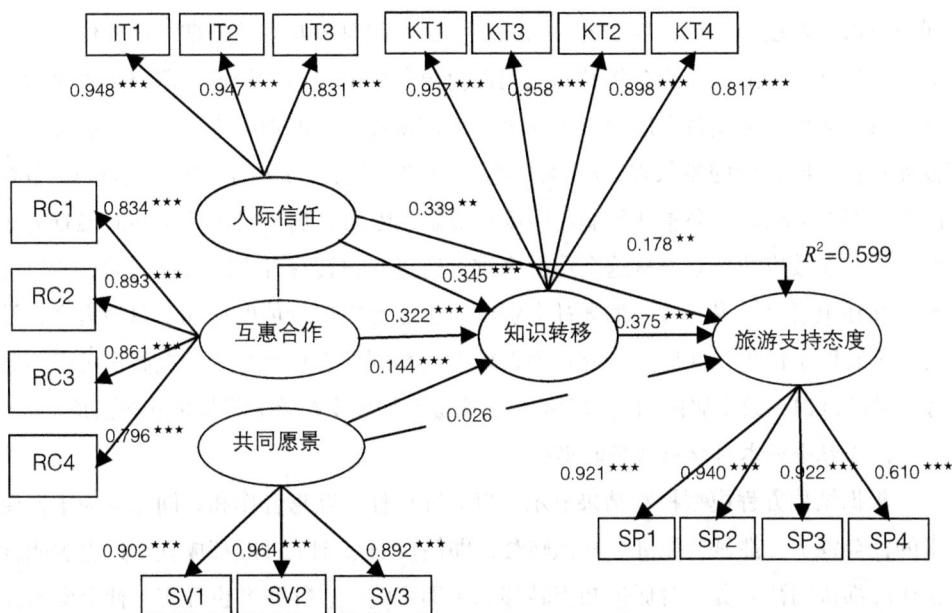

注：*** 表示 $P<0.001$，R^2 表示复平方相关系数；虚线表示路径系数在统计上不显著（$P>0.05$）。

图 6.1 假设模型标准化输出结果

6.1.3 结果分析与讨论

社区居民对旅游发展的支持态度是乡村旅游发展的一个关键因素，也是旅游产业亟待解决的关键问题。本研究认为，除了以往研究中普遍提及的社区居民旅游影

113

响感知以外，社会资本和知识转移对居民旅游支持态度的作用也应引起重视。知识对乡村旅游发展和提升居民旅游支持态度具有重要意义。本研究基于社会资本理论和知识转移理论，构建并检验了社会资本、知识转移和居民旅游支持态度的概念模型，并得出了相关结论。

基于大样本实证的模型检验结果如下。

（1）社会资本对居民旅游支持态度的影响

结构方程模型检验结果证实了人际信任与互惠合作对居民旅游支持态度的积极影响，而共同愿景则不显著，即H3不成立。社区是人际互动频繁的社会空间，隐含着"关系亲密、守望相助和富有人情味"的社会内涵。以往研究指出，社会资本创造了旅游经营活动中的信任，社区居民的生产、经营等经济行为往往是嵌在社会资本的信任结构中。这种信任能产生社区凝聚力，还能促进和提升居民对社区和旅游发展的满意度，这种满意度能促成社区居民对旅游发展的正面评价，从而提高社区居民对旅游发展的支持态度。同时，社区居民之间对于互惠的预期往往能促成合作关系的建立，为形成互惠合作共赢的局面付出共同的努力。然而，研究结果显示共同愿景对居民旅游支持态度影响不显著。从访谈和调查的情况来看，社区居民对于彼此执行共同目标的投入程度心存疑惑，乡村案例地在发展阶段中，出现过"争夺游客""拉客宰客""各揣小算盘"等负面现象，因而影响了居民关于共同愿景对旅游支持态度效应的信心。从这个层面来讲，通过知识转移等方式来提高居民的思想水平和知识素养，提升居民加强社会资本对于旅游发展价值的认知。总而言之，社会资本有助于促进社区居民放弃片面追求个人私利的思想和行为，提高居民参与集体行动的意识，激发居民的集体行动，从而提升居民支持旅游发展的积极态度。

（2）社会资本对知识转移的影响

根据结构方程模型检验结果显示，以人际信任、互惠合作和共同愿景为主要要素的社会资本，都显著促进了知识转移，即假设H4、H5、H6都成立。这也表明社区居民都认同社会资本对促进知识转移的正面影响。以往研究也证实，社会资本往往能增加彼此之间的信任和责任感。因此，双方都愿意给对方转移有用的知识和吸收对方的知识，也愿意付出更多的努力和承担更大的责任来实现知识转移。社会资本还能促使个体通过知识的转移和交换来发展个体社会关系网络，以获取包括知识在内的更丰富的社会资源。在乡村旅游发展中，社会资本有助于维持居民之间的信任关系，降低社区居民之间知识转移的监督成本，营造社区居民之间知识转移的友好氛围，提高知识转移的意愿和效率。因此，综合来讲，社会资本对社区居民之间知识转移具有显著的积极影响。

（3）知识转移对居民旅游支持态度的影响

结构方程模型检验结果证实，知识转移对居民旅游支持态度具有显著的积极影响，路径系数也显示出较强的影响效应（β_7=0.375，$P<0.001$）。这也充分证明社区居民非常认同知识和知识转移对提高旅游支持态度的作用。知识早已成为各个行业认同的"资产"，旅游业也越来越重视知识对于提高旅游目的地竞争力的价值。具体到乡村社区层面，知识转移为社区居民提高服务水平和管理效率、创新旅游产品开发提供了知识基础。同时，社区居民知识水平的提高，有助于社区提高解决公共事务的能力，凝聚共谋乡村旅游发展的人心，增强社区居民参与乡村旅游发展的群体认同感和凝聚感，增加居民享受乡村旅游发展所带来的福利，从而大大提高社区居民对旅游发展的支持态度。因此，知识转移对居民旅游支持态度具有显著的积极影响。

6.2　基于社区居民个体特征差异的比较分析

上一节主要是基于大样本的混合研究，证明了社会资本、知识转移对居民旅游支持态度具有显著的影响关系。然而，大样本的混合研究并未检视不同类型社区居民的个体差异在影响关系中的作用和效应。必须强调的是，本研究的知识转移主体是社区居民，在社区居民个体的成长历程中，个体间往往由于先天禀赋和后天环境影响会形成典型的个体差异，具体表现在个体的身体因素、才智天赋、思维模式、教育学习经历等方面。这些个体特征差异会影响个体对某一问题或者现象的认知和判断，以及决策模式与结果。具体到乡村旅游领域，社区居民因受不同性别、年龄、教育学习背景等因素的影响，他们对旅游发展的认知和态度是存在显著区别的，从而在社会资本、知识转移和居民旅游支持态度的关系中形成差异。

以往关于社区居民性别、年龄、教育背景等人口统计学特征对居民旅游支持态度影响关系的研究，主要采取的是将个体特征作为前因变量来进行单因素方差分析的研究范式。单因素方差分析是一种将人口统计学特征变量作为前因变量来探究对结果变量直接影响效应的方法，即典型的从A到B的直线研究思路。但是，如何比较社区居民个体特征差异在"社会资本—知识转移—居民旅游支持态度"的关系中的差异效应，以往研究缺乏足够的实证材料。此外，Davis等指出人们对旅游知识及当地经济了解的程度会影响其对待旅游业发展的态度。而个体往往因为特征差异对知识的掌握程度和理解程度都会形成明显的差异。在此情境下，既要充分认可知识将在居民旅游支持态度影响中发挥意料之外的正面效应，也要比较不同个体特征的社区居民的差异效应。检视不同居民的个体差异，恰恰能揭示在社会资本、知识转移与居民旅游支持态度的影响路径中，哪些类型的居民在哪些关系中表现得更为明显，而哪些类型的居民则较为不明显。正如 Allen 等指出，识别不同类型的居民群体对旅游发展支持态度的差异性，有助于预测旅游发展中亟须解决的阻力点，找到破解之法的最佳发力点。同时，这也有助于在乡村旅游规划和管理中获得社区居民的更高水平的支持态度。掌握了社区居民在社会资本、知识转移和旅游支持态度关系中的差异，有助于未来针对性地指导提升不同类型居民知识转移的途径、提高居民知识量广度和深度的路径，以此提高居民的价值获得感和幸福感，并使之叠加于旅游支持态度，激发乡村旅游发展的原动力，进而促进乡村旅游可持续发展。

基于此，正如第 2 章文献综述，社区居民在性别、年龄、教育背景等特征上的差异对居民旅游支持态度具有显著影响。本研究根据相应的划分标准，将所有居民的总样本数据按照性别、年龄、教育背景划分为不同群组，比较和检视不同群组的社区居民的性别、年龄、教育背景差异在"社会资本—知识转移—居民旅游支持态度"概念模型中的差异效应，通过比较研究以期得出社区居民个体差异的结果，深层次地凝视社区居民在社会资本、知识转移与旅游支持态度关系中的作用，以此更加凸显乡村旅游发展中社区居民的利益主体作用，并为提出实践管理中的对策建议提供扎实的现实依据。

6.2.1　居民性别差异的影响比较研究

乡村旅游的发展为乡村社区居民提供了一种新的就业途径和增收渠道，也为社区居民在旅游经营中扮演新角色创造了新的机会。在乡村社区内，"家庭式经营"是主要的旅游经营形式。以"家庭"为单位，夫妻双方共同经营、共同参与乡村旅游发展；或者夫妻其中一方参与乡村旅游，这是中国乡村旅游发展中当地社区居民参与旅游的主要形式。男女在个性、情感、判断等方面存在先天差异，对旅游的认知以及支持态度也可能存在差异。例如，过往研究中提及社区居民性别差异对旅游支持态度具有一定的影响，但研究结论在已有文献中存在较大的分歧。换言之，男性居民和女性居民对旅游发展的支持程度存在明显差异。此外，男性居民和女性居民在乡村旅游发展中对社会关系的认知，以及互相学习知识和转移知识等方面都会存在显著差异。

基于此，本小节主要从男、女不同性别检验和比较社会资本、知识转移对居民旅游支持态度的影响效应差异。将先前搜集的 608 个大样本数据，根据性别一分为二，其中只包含男性的样本数据 307 个，只包含女性的样本数据 301 个，然后将两组样本数据根据研究模型进行假设检验。

6.2.1.1 不同性别居民的模型拟合情况比较

基于筛选的 307 个男性居民和 301 个女性居民两组样本数据，根据研究模型，分别考察男性居民和女性居民在社会资本、知识转移和居民旅游支持态度影响关系上的表现。直接用 AMOS 17.0 对结构模型的整体拟合情况和研究假设进行检验。

综合选择 χ^2/df、GFI、CFI、TLI、IFI、NFI、RMSEA 等指标分别检验男性和女性样本模型拟合情况。根据数据结果显示（详见表 6.3）：除了 GFI 这个指标（男性：GFI=0.899；女性：GFI=0.894）略小于接受的临界值 0.9，但十分接近，其他指标都符合临界值范围。这也充分表明男性居民和女性居民的样本数据与研究假设模型拟合度良好。

表 6.3 不同性别的模型适配度指标比较

性别	χ^2/df（<5）	GFI（>0.9）	CFI（>0.9）	TLI（>0.9）	IFI（>0.9）	NFI（>0.9）	RMSEA（<0.08）
男性	2.530	0.899	0.967	0.958	0.967	0.946	0.071
女性	2.607	0.894	0.966	0.958	0.967	0.947	0.073

注：括号内为各指标临界值。

6.2.1.2 路径分析和假设检验结果比较

通过分析和比较不同性别的社区居民路径分析与假设检验的详细结果如表 6.4 所示。从表中可以看出，男性居民样本中，本研究提出的 7 个假设中 5 个假设得到数据支持；而女性居民的样本数据则支持了 6 个假设。此外，因变量旅游支持态度的回归判定系数（R^2）分别为 0.576 和 0.613，说明本研究的自变量分别解释了居民旅游支持态度 57.6% 和 61.3% 的方差，显示了模型良好的效力。

表6.4 不同性别居民路径系数估计与假设检验结果比较

性别	研究假设	标准化路径系数	标准误	t 值	检验结果
男性居民	H1：人际信任→旅游支持态度	0.349★★★	0.066	6.105	支持
	H2：互惠合作→旅游支持态度	0.129★★	0.064	2.149	支持
	H3：共同愿景→旅游支持态度	0.072	0.051	1.620	不支持
	H4：人际信任→知识转移	0.290★★★	0.077	4.963	支持
	H5：互惠合作→知识转移	0.388★★★	0.078	6.038	支持
	H6：共同愿景→知识转移	0.076	0.062	1.588	不支持
	H7：知识转移→旅游支持态度	0.382★★★	0.049	6.843	支持
女性居民	H1：人际信任→旅游支持态度	0.319★★★	0.074	5.344	支持
	H2：互惠合作→旅游支持态度	0.212★★★	0.077	3.523	支持
	H3：共同愿景→旅游支持态度	0.018	0.059	0.397	不支持
	H4：人际信任→知识转移	0.427★★★	0.086	7.013	支持
	H5：互惠合作→知识转移	0.216★★★	0.097	3.221	支持
	H6：共同愿景→知识转移	0.229★★★	0.070	4.689	支持
	H7：知识转移→旅游支持态度	0.386★★★	0.051	6.764	支持

注：★★★ 表示 $P<0.001$，★★ $P<0.05$。

6.2.1.3　小结与讨论

通过检视性别差异在社会资本、知识转移和居民旅游支持态度的关系中的效应，我们发现性别是一个很重要的预测指标。

1.关于以人际信任、互惠合作与共同愿景为要素的社会资本对居民旅游支持态度的影响。①人际信任对居民旅游支持态度的影响中，男性居民和女性居民的差别不大；②互惠合作对居民旅游支持态度的影响关系中，女性居民比男性居民更加显著；③共同愿景对居民旅游支持态度的影响中，男性居民和女性居民都不显著。

从检验结果来看，人际信任对居民旅游支持态度的影响中，男性居民和女性居民的差别不大，这也表明社区居民不分男女，都很看重彼此之间的信任关系，将人际间的信任视为重要的社会关系资产；互惠合作对居民旅游支持态度的影响中，女性居民比男性居民更加显著，表明女性居民渴望通过生活中的往来互助，形成对旅游支持态度的共识和合力；而共同愿景对旅游支持态度的影响在男性居民和女性居民中都不显著，这是一个很有意思但也值得深思的结论，这意味着不管男性居民还是女性居民，依然对于社区的共同愿景抱有质疑，依然会对居民是否全力以赴实现共同愿景的努力有所怀疑和顾虑。

2. 关于以人际信任、互惠合作与共同愿景为要素的社会资本对知识转移的影响。①人际信任对知识转移的影响上，女性居民比男性居民更加强烈。②互惠合作对知识转移的影响上，男性居民比女性居民更加显著。③共同愿景对知识转移的影响上，男性居民不显著，女性居民则显著。

从研究结果中我们可以看出，在知识转移活动中，女性居民比男性居民更加看重彼此之间的信任关系，女性对于双方的信任程度更加敏感。信任程度越高，女性居民开展知识转移活动的意愿越高。同时，男性居民比女性居民更加看重知识转移过程中的互惠合作情况。这也体现出男性居民更加重视邻里之间建立长期友好互助、互惠互利的关系。此外，女性居民认同共同愿景会促进知识转移，而男性居民则反之。这也说明女性居民更加期待社区或者组织通过建立拥有广泛群众基础的目标和愿景，以此促进乡村旅游发展，推动社区的整体发展。

特别需要指出的是，只以男性居民为样本数据的研究结果，与本章第一节的大样本实证研究结果相比，呈现出不一致的结论。大样本的数据结果显示社区居民的共同愿景对知识转移有显著影响，而只以男性居民为样本数据的研究结果则显示共同愿景对知识转移的影响不显著。换言之，男性居民对共同愿景与知识转移之间的促进关系依然心存疑惑，从而导致态度不太积极。

3. 知识转移对居民旅游支持态度的积极影响。男性居民和女性居民的差异不大。这也充分表明所有社区居民不分男女，都认可知识转移对旅游支持态度的正面作用。换言之，在乡村旅游经营中，社区居民认同彼此之间的知识转移，有助于互补双方的知识结构，丰富原有的知识基础，社区居民可以从知识转移中增加获益，从而对旅游发展会持更加积极的态度。这也彰显了管理部门应重视和努力促进社区居民之间的知识转移和分享。

6.2.2 居民年龄差异的影响比较研究

在传统认识上，年龄的高低在某种程度上决定了对知识的接受能力和渴望程度的强弱。具体来讲，即年轻群体相对而言更加容易学习新知识和接受新知识，快速更新自身的知识基础，从而升级自我的认知能力和判断能力；而年纪稍长点的群体学习知识和接受知识的速度较慢，甚至接受知识的意愿也较低，他们更加愿意以自身多年的生活和生产经验作为判断事情与认知现象的基础。同时，我们必须意识到一点，年纪稍长点的居民虽然学习知识、接受知识和消化知识的速度相对较慢，但对生活中出现的问题的包容性、容忍度相对较高。以往研究中，年龄对居民旅游支持态度具有显著影响已得到诸多文献的验证，但也呈现出观点不一致的现象。换言之，不同年龄的社区居民对旅游发展的支持态度是存在差异的。此外，不同年龄的社区居民对新知识的接受程度以及认知程度也存在差异，从而在社区居民知识转移方面也呈现出差异性。

本研究在原始问卷设计中将社区居民划分为 7 个年龄区段进行调研，在本小节的研究中，为了更好地掌握年龄结构的差异，本研究对年龄段的划分参考了联合国世界卫生组织提出的新的年龄分段的"三段法"：即 35 周岁以下为"青年居民"，36~59 岁为"中年居民"，60 周岁及以上为"老年居民"。基于这种划分方式，将居民总样本数据划分为以下三组：192 个青年居民、228 个中年居民、188 个老年居民。

6.2.2.1　不同年龄居民的模型拟合情况比较

不同年龄居民的模型拟合情况比较，主要基于筛选的 192 个青年居民、228 个中年居民、188 个老年居民三组样本数据，根据前文既定的研究模型，分别检验考察三组不同年龄的居民在社会资本、知识转移和居民旅游支持态度影响关系中的表现，直接用 AMOS 17.0 对结构模型的整体拟合情况和研究假设进行检验。

综合选择 χ^2/df、GFI、CFI、TLI、IFI、NFI、RMSEA 等指标分别检验三组不同年龄居民的样本模型拟合情况。根据数据结果显示（详见表 6.5），三组不同年龄的居民呈现出明显的差异结果：青年居民和中年居民这两组居民除了 GFI 这个指标（青年居民：GFI=0.891；中年居民：GFI=0.886）略小于接受的临界值 0.9，但十分接近，其他 χ^2/df、CFI、TLI、IFI、NFI、RMSEA 等指标都符合临界值范围。这也充分表明青年居民和中年居民的样本数据与研究假设模型拟合度良好。然而，针对老年居民群体，GFI=0.853，明显小于一般接受的临界值 0.9；同时，RMSEA=0.085，大于临界值 0.08。这表明老年群体的样本数据与研究假设模型拟合度不太理想。

表 6.5　不同年龄居民的模型适配度指标比较

类别	χ^2/df（<5）	GFI（>0.9）	CFI（>0.9）	TLI（>0.9）	IFI（>0.9）	NFI（>0.9）	RMSEA（<0.08）
青年居民	1.819	0.891	0.974	0.968	0.974	0.945	0.065
中年居民	2.323	0.886	0.963	0.953	0.963	0.937	0.076
老年居民	2.347	0.853	0.952	0.940	0.952	0.920	0.085

注：括号内为各指标临界值。

6.2.2.2　不同年龄居民的路径分析和检验结果比较

通过分析和比较三组不同年龄的社区居民路径分析和假设检验的详细结果如表

6.6 所示。总体来看，青年居民样本中本研究提出的 7 个假设里有 5 个假设得到数据支持；中年居民样本则是 6 个假设得到数据支持；老年居民样本则也是 6 个假设得到数据支持。检验结果既有共性，也有差异。此外，因变量旅游支持态度的回归判定系数（R^2）分别为 0.771、0.501 和 0.536，说明本研究的自变量解释了居民旅游支持态度 77.1%、50.1% 和 53.6% 的方差，显示了模型良好的效力。

表 6.6 不同年龄居民的路径系数估计与假设检验结果比较

年龄	研究假设	标准化路径系数	标准误	t 值	检验结果
青年居民	H1：人际信任→旅游支持态度	0.583***	0.093	7.972	支持
	H2：互惠合作→旅游支持态度	0.156**	0.093	2.150	支持
	H3：共同愿景→旅游支持态度	0.078	0.075	1.373	不支持
	H4：人际信任→知识转移	0.538***	0.098	7.262	支持
	H5：互惠合作→知识转移	0.221***	0.121	2.426	支持
	H6：共同愿景→知识转移	0.111	0.101	1.516	不支持
	H7：知识转移→旅游支持态度	0.188***	0.062	2.908	支持
中年居民	H1：人际信任→旅游支持态度	0.369***	0.080	5.165	支持
	H2：互惠合作→旅游支持态度	0.209**	0.083	2.739	支持
	H3：共同愿景→旅游支持态度	0.032	0.062	0.585	不支持
	H4：人际信任→知识转移	0.310***	0.086	4.529	支持
	H5：互惠合作→知识转移	0.385***	0.091	5.178	支持
	H6：共同愿景→知识转移	0.158**	0.069	2.921	支持
	H7：知识转移→旅游支持态度	0.273***	0.064	3.822	支持
老年居民	H1：人际信任→旅游支持态度	0.273***	0.085	3.780	支持
	H2：互惠合作→旅游支持态度	0.150**	0.086	1.972	支持
	H3：共同愿景→旅游支持态度	0.019	0.064	0.350	不支持
	H4：人际信任→知识转移	0.254***	0.119	3.068	支持
	H5：互惠合作→知识转移	0.364***	0.119	4.225	支持
	H6：共同愿景→知识转移	0.146**	0.091	2.269	支持
	H7：知识转移→旅游支持态度	0.455***	0.057	6.602	支持

注：*** 表示 $P<0.001$，** 表示 $P<0.05$。

从具体结果来看，通过比较社区居民不同的年龄结构在社会资本、知识转移和居民旅游支持态度关系中的差异效应，本研究发现了一些特别有意思的结论，也证实了社区居民的年龄是一个很重要的预测指标。

1.关于以人际信任、互惠合作与共同愿景为要素的社会资本对居民旅游支持态度的影响。①人际信任对居民旅游支持态度的影响中，这三类年龄段的居民的影响都显著，其中青年居民的积极影响效应最大，影响效果随着年龄的增长呈递减趋势。②互惠合作对居民旅游支持态度的影响关系中，青年居民、中年居民和老年居民这三类居民的影响都显著且差异不大。③共同愿景对居民旅游支持态度的影响中，这三组年龄段的社区居民都不显著。

根据上述统计检验结果显示，三组不同年龄结构的社区居民都重视和相信居民之间的人际信任关系会对旅游支持态度产生重要影响；同时，三组不同年龄的居民都认为互惠合作对居民旅游支持态度有正面影响，表明社区居民认同通过彼此之间的互帮互助、互惠互利，有助于共同享受合作的红利，进而共同支持乡村旅游发展；而共同愿景对居民旅游支持态度的影响在三组不同年龄结构的社区居民中都不显著，这是一个很有意思但也值得深思的结论，这意味着这三类居民，依然对于社区的共同愿景抱有质疑，依然会对居民是否全力以赴实现共同愿景有所怀疑和顾虑，因而会就共同愿景对居民旅游支持态度的积极影响关系表现出不赞同的情况。

2.关于以人际信任、互惠合作与共同愿景为要素的社会资本对知识转移的影响。①人际信任对知识转移的影响，青年居民群体比另外2个年龄段的居民影响更加显著，中年居民群体、老年居民群体这两类之间的差异不大。②互惠合作对知识转移的影响在三组年龄结构的社区居民中都显著，其中，中年居民群体和老年居民群体这两类比青年居民的影响更为显著。③共同愿景对知识转移的影响。中年居民群体、老年居民群体这两类的影响显著，而青年居民群体的影响则不显著。

从研究结果中我们可以看出，在社会资本与知识转移关系中，青年居民群体更加重视人际信任，这也体现出这个年龄段的社区居民渴望通过信任这一媒介与前辈和长辈之间建立长期友好的关系，不断拓宽人脉关系，逐步建立个人的声望，将年轻人的思想和知识逐步在更广泛的群体中转移与扩散。中年居民群体和老年居民群体这两类更加重视互惠合作的价值，这两类居民参与乡村旅游、经营农家乐的时间比较长，以往的经营经验和教训让这两类社区居民深刻认识到建立互惠合作的关系不仅能增进感情，还能实现互利共赢。关于共同愿景对知识转移的影响关系，本章第一小节的大样本实证研究显示社区居民的共同愿景对知识转移有显著影响，而从不同年龄段划分的样本数据中得出青年居民则不显著。这是一个值得深思的结果，按照一般的认识，年轻人更希望社区居民之间建立共同愿景，希望乡村社区的旅游能朝着更加组织化、专业化的方向发展。本研究却得出相反的结果，或许意味着现在的年轻居民有着强烈的自我证明的欲望，渴望通过自身努力实现旅游经营的目标，也渴望通过自身的成功影响周边的人，实现个人知识和成功经验的不断转移，并且不断被人接受和认可。

3. 知识转移对居民旅游支持态度的影响。三组不同年龄结构的居民的影响都显著。其中，老年居民群体的影响效应最强。这也意味着老年居民群体，最渴望通过知识转移和分享活动，吸收他人更多的成功经验和方法，学习年轻人的好做法和好模式，改进和提高自身的旅游经营方法，实现自身的专业技能和经验知识的"二次提高"，希望借助知识的力量，改进和提高自身的旅游经营方法，增加和提升旅游收益，从而对旅游发展会持更加积极的态度。这也凸显了未来在老年居民群体中开展知识和技能培训的重要性与必要性，帮助社区居民互相学习新知识和提高新技能，大力提升社区居民的自身知识水平和素养；同时引导和鼓励社区居民之间转移和分享知识，提高知识的扩散效应，使得知识的力量和价值充分惠及所有的社区居民。

6.2.3 居民教育程度差异的影响比较研究

从教育背景或者学历角度来看，Stinner 等指出，居民的教育程度是一个会对居民旅游支持态度产生显著影响的重要变量。Allen 等通过对美国科罗拉多 20 个乡村社区的研究表明，教育程度为解释居民旅游态度提供了一个很好的因子。Teye 和 Sirakaya 的研究表明，教育程度越高的社区居民越倾向于同外来旅游者交流，渴求通过不断与旅游者互动交流汲取新的知识，增加自己的知识广度，并愿意与游客建立良好的社会关系。一般认为，受教育程度越高，居民对新知识的态度也会越开放，吸收新知识的能力也会越高。以往关于教育程度对居民旅游支持态度影响的研究，也证实了两者之间的正向关系。

基于此，本研究以接受大学教育为划分界线，将教育程度划分为两个层次，即大学学历以下和大学学历及以上。其中，大学学历以下包含高中（中专）、初中和小学及以下学历；大学学历及以上则包含大专、本科及研究生以上学历。这样将研究的社区居民总体样本数据相应地划分为"421 个大学学历以下的居民"和"187 个大学学历及以上的居民"这两组群体。为简化起见，以"非大学居民"代替"大学学历以下的居民"；以"大学居民"代替"大学学历及以上的居民"。本小节主要比较这两类不同学历的居民群体在社会资本、知识转移对居民旅游支持态度影响关系上的差异性。

6.2.3.1 不同学历的社区居民的模型拟合情况比较

基于筛选的 421 个非大学居民和 187 个大学居民两组样本数据，根据研究模型，分别统计检验考察这两组不同学历的社区居民影响作用的表现。

综合选择 χ^2/df、GFI、CFI、TLI、IFI、NFI、RMSEA 等指标分别检验非大学居民和大学居民这两组样本模型拟合情况，详细结果如表 6.7 所示。根据拟合结果来看，大学居民的 χ^2/df、GFI、CFI、TLI、IFI、NFI、RMSEA 等指标拟合良好，非大学居民的各项指标中除了 GFI=0.887，尽管小于一般接受的临界值 0.9，但十分接近，其他各项指标的拟合情况均良好。这也表明这两类不同学历的社区居民样本数据与研究假设模型拟合度良好。

表6.7　不同学历居民研究模型适配度指标比较

类别	χ^2/df （<5）	GFI （>0.9）	CFI （>0.9）	TLI （>0.9）	IFI （>0.9）	NFI （>0.9）	RMSEA （<0.08）
非大学居民	3.010	0.887	0.957	0.946	0.958	0.938	0.078
大学居民	2.170	0.910	0.976	0.970	0.977	0.957	0.065

注：括号内为各指标临界值。

6.2.3.2 不同学历的居民的路径分析和检验结果比较

为了更好地掌握主要变量之间的路径关系和假设检验结果，本研究将进行进一步的路径分析和比较检验。分析和比较两组不同学历的居民路径分析与假设检验的详细结果，如表 6.8 所示。总体来看，非大学居民样本中，本研究提出的 7 个假设中有 6 个假设得到数据支持；而大学居民样本中则只有 5 个假设得到数据支持，假设检验结果既有共性，也有差异。此外，因变量旅游支持态度的回归判定系数（R^2）分别为 0.509 和 0.744，说明本研究的自变量分别解释了居民旅游支持态度 50.9% 和 74.4% 的方差，显示了模型的良好效力。

表6.8　不同学历的居民路径系数估计与假设检验结果比较

学历	研究假设	标准化路径系数	标准误	t 值	检验结果
非大学居民	H1：人际信任→旅游支持态度	0.258★★★	0.075	4.275	支持
	H2：互惠合作→旅游支持态度	0.183★★★	0.065	2.936	支持
	H3：共同愿景→旅游支持态度	0.003	0.051	0.078	不支持
	H4：人际信任→知识转移	0.290★★★	0.092	4.575	支持
	H5：互惠合作→知识转移	0.273★★★	0.084	3.937	支持
	H6：共同愿景→知识转移	0.131★★★	0.064	2.709	支持
	H7：知识转移→旅游支持态度	0.420★★★	0.045	7.892	支持

续表

学历	研究假设	标准化路径系数	标准误	t值	检验结果
大学居民	H1：人际信任→旅游支持态度	0.539★★★	0.067	9.302	支持
	H2：互惠合作→旅游支持态度	0.239★★★	0.071	4.023	支持
	H3：共同愿景→旅游支持态度	0.027	0.054	0.643	不支持
	H4：人际信任→知识转移	0.416★★★	0.067	7.730	支持
	H5：互惠合作→知识转移	0.421★★★	0.077	7.096	支持
	H6：共同愿景→知识转移	0.027	0.065	1.661	不支持
	H7：知识转移→旅游支持态度	0.164★★★	0.056	2.713	支持

注：★★★表示 $P<0.001$。

从具体分析的结果来看，不同学历的居民在社会资本、知识转移和居民旅游支持态度关系中的效应存在显著差异，我们发现学历是一个很重要的预测指标。

1.关于以人际信任、互惠合作与共同愿景为要素的社会资本对居民旅游支持态度的影响。①人际信任对旅游支持态度的影响中，大学居民明显比非大学居民的影响更加显著，从路径系数来看，两者之间的影响强度有超过两倍的差距。②互惠合作对旅游支持态度的影响关系中，大学居民明显也比非大学居民影响显著，但差距较小。③共同愿景对旅游支持态度的影响中，大学居民和非大学居民都不显著。

根据上述统计结果，从以人际信任、互惠合作和共同愿景为元素的社会资本对居民旅游支持态度来讲，大学居民更加重视和相信社区居民之间的人际信任关系会对居民旅游支持态度产生重要影响，相信人际信任会成为一种公民意识；互惠合作对居民旅游支持态度的影响中，两者之间的差距并不明显，表明这两类居民都希望通过彼此之间的互助与合作，共同受益于乡村旅游的发展，共同支持旅游发展；而共同愿景对旅游支持态度的影响在这两类居民中都不显著，这是一个很有意思但也值得深思的结论，意味着这两类居民，依然对于社区的共同愿景抱有质疑，依然会对居民是否全力以赴实现共同愿景有所怀疑和顾虑。

2.关于以人际信任、互惠合作与共同愿景为要素的社会资本对知识转移的影响。①人际信任对知识转移的影响中，大学居民比非大学居民的影响更加强烈。②互惠合作对知识转移的影响中，大学居民比非大学居民的影响更为显著。③共同愿景对知识转移的影响中，非大学居民显著，大学居民不显著。

从研究结果中我们可以看出，在知识转移活动中，大学居民比非大学居民更加重视人际信任和互惠合作，这也体现出大学居民更加重视邻里之间建立长期的基于信任的互惠互利的关系。而一个很有意思的结果就是，样本数据中大学居民受共同愿景对知识转移的影响关系不显著，而非大学居民则显著。一般认为，接受的教育程度越高，对通过构建共同愿景、激发旅游发展向心力等组织行为更加充满信心，但是本研究却得出相反的结论。这种情况可能源于非大学居民渴望通过共同愿景凝聚更多社区居民的合力，以弥补个人在教育程度中的不足，促进旅游发展的红利惠及更多的普通社区居民。

此外，特别需要指出的是，与本章第一节的大样本实证研究结果相比，大样本的数据结果显示社区居民的共同愿景对知识转移有显著影响，而只以大学居民为样本数据的研究结果显示共同愿景对知识转移的影响不显著。换言之，大学居民对共同愿景与知识转移之间的促进关系依然心存疑惑或者态度不太积极。

3.知识转移对居民旅游支持态度的影响。非大学居民比大学居民的影响更加显著，两者之间的差距超过2倍以上。这是一个很有意思且值得欣喜的结论。这也意味着非大学居民虽然没有接受过高等教育，但是却充分相信和认同知识转移对旅游支持态度的正面效应。换言之，在乡村旅游经营中，这一类型的居民广泛认可和希望通过彼此之间的知识转移与交换行为，互补双方的知识结构，提高原有的知识基础，提高自身的专业知识和技能，渴望吸收他人更多的成功经验和方法，改进自身的旅游经营，从而让知识在旅游发展中发挥最大化的力量，使社区居民从知识转移中获益，提高居民旅游支持态度。这也凸显了管理部门和社区应加强培训社区居民的技能，特别是面向未接受过高等教育的居民，既引进新知识和新技能，帮助居民提高自身素质；也引导和鼓励居民之间转移与分享知识，形成知识扩散效应，打造知识型社区。

6.3 本章小结

本章首先通过第一小节的大样本混合实证研究，基于数据分析与假设检验，既证实了社会资本对居民旅游支持态度具有显著的积极影响，也验证了社会资本对知识转移、知识转移对居民旅游支持态度的影响，从而验证和建立了"社会资本—知识转移—居民旅游支持态度"的逻辑关系，为研究社区居民旅游支持态度提供了一个新颖的研究思路。其次，为更好地检视社区居民个体特征差异在理论关系中的差异效应，通过将总样本分别按照性别、年龄和教育背景划分为不同群组，比较社区居民的不同个体特征在"社会资本—知识转移—居民旅游支持态度"中的差异影响，得出诸多有意思且极具现实意义的结果，从而表明不同特征的社区居民对乡村旅游发展的认知和判断，以及他们的决策模式和结果的差异明显，进而也会影响他们对旅游的支持态度。

第7章 结论、建议与展望

　　乡村旅游的发展非常依赖当地社区居民的支持态度，社区居民支持与否决定着乡村旅游发展的成败。以往研究依托社会交换理论，基于"成本—收益"评估的影响感知思路作为居民旅游支持态度研究的主流研究范式。这种研究视角简单地将当地居民视作理性"经济人"，假设不同的居民对于旅游发展带来的收益与损耗有相同的认知和理解水平，总能依靠有限的认知能力做出理性的决策，却忽略了个体认知能力的差异。显而易见，这种研究视角已很难全面回答乡村社区居民在经历多个旅游发展阶段后对旅游的态度，正如部分学者所强调的，居民旅游支持态度会陷入随着旅游发展阶段逐渐降低的窘境。在信息爆炸、互联网驰行的"新时代"，乡村社区已完全脱离"信息孤岛"，全面融入"时代海洋"。知识将重塑社区居民对旅游的认知与判断，将重塑旅游经营与管理的思维，也将重塑社区居民的旅游价值观。尤其是在"乡村振兴"的新时代下，如何让乡村变成更具智慧的乡村；如何让乡村社区居民成为既要"口袋富"，更要"脑袋富"的智慧居民，从而为未来乡村旅游发展提出了新命题。

　　知识转移无疑为回答上述新命题提供了一种有效途径。如今，旅游业发展与更迭的速度不断加快，社区居民也深刻认识到需要不断地增加知识来跟上时代发展的步伐，社区居民之间也需要不断转移知识与抱团合作来应对时代的变化，不能做新时代乡村旅游的"观望者"，要做新时代乡村旅游的"弄潮儿"。社区居民之间的知识转移将不断丰富社区居民的知识结构，互取所长、互补所短，不断提高旅游专业水平和素养，改进旅游经营和管理方式，实现乡村旅游经营的专业化、现代化，为乡村旅游发展插上"知识的翅膀"，也为保障居民旅游支持态度的"后劲十足"注入了活力。本研究正是在上述现实背景下对社会资本、知识转移与居民旅游支持态度的影响机理进行了探讨。首先，通过案例研究初步探索了乡村社区居民之间知识转移的现象和影响因素，以及知识转移对居民旅游支持态度的影响，初步构建了社会资本、知识转移、居民旅游支持态度的概念关系，为大样本实证研究提供了基础；其次，通过大样本实证研究论证了社会资本、知识转移和居民旅游支持态度的影响关系，案例研究中有待进一步深度论证的"潜在关系"浮出水面，凝练为具备理论基础的"现实逻辑理论关系";同时,通过对社区居民个体特征在社会资本、知识转移和居民旅游支持态度关系影响差异的比较研究,更加聚焦于乡村旅游发展的利益主体——社区居民,将研究的层次转向更微观的层面,检验社区居民个体差异在社会资本、知识转移和居民旅游支持态度关系间的差异效应,也为未来面对不同类型的社区居民给予更有针对性地指导提供了扎实的现实依据。

7.1 研究结论

7.1.1 社会资本、知识转移与居民旅游支持态度之间存在潜在影响

本研究基于浙江省湖州市四个乡村社区的案例研究,证实了乡村社区居民之间存在知识转移的现象。同时,识别了社会资本是影响乡村社区居民知识转移和旅游支持态度的重要因素,发现了知识转移对居民旅游支持态度具有积极作用,从而初步构建了社会资本、知识转移与居民旅游支持态度之间的潜在关系和路径,也为大样本的实证研究提供了基础。

具体来讲,通过案例研究梳理出影响社区居民之间知识转移的三大因素:人际信任、互惠合作和共同愿景。这三大因素构成了社会资本的主要元素。换言之,社会资本是社区居民之间知识转移的主要影响因素。同时发现,社会资本也会影响社区居民对旅游的支持态度。第一,根植于乡土社会、邻里互动的人际信任,构建了邻里社会关系的重要社会基础,会显著影响社区居民的旅游支持态度以及居民之间的知识转移;第二,社区居民之间互惠合作所带来的互利共享的预期和成果,成为影响社区居民的旅游支持态度以及居民之间的知识转移的积极因素;第三,构建居民认可的共同愿景,能凝聚社区居民的个体力量,产生集体效应,提高社区居民的旅游支持态度以及促进居民之间的知识转移。

乡村旅游发展中,社区居民的共同目标就是吸引游客,将乡村社区打造成极具美誉度的旅游目的地。因此,居民愿意主动分享经验和转移知识,共同提高旅游经营管理和服务水平,提升乡村的形象和吸引力,增加社区居民在旅游发展中的价值获得感。社区居民之间的知识转移既能提升居民个体的水平,也能内化为居民自身的素养,提升居民对社区旅游发展价值的认知水平,提高社区居民旅游经营能力和价值收益,进而转化为支持旅游发展的态度。同时,社区居民之间的知识转移还有助于增强解决社区旅游发展事务的能力,共同应对社区旅游发展的问题,形成居民

对旅游发展的凝聚力，提高社区居民的文化认同感和使命感，从而提高社区居民对旅游发展的支持态度，最终推动乡村旅游可持续发展。

7.1.2 社会资本对居民旅游支持态度具有正向影响，为社区居民形成信任合作、促成集体行动创造了合力效应

大样本实证研究证实了社会资本对居民旅游支持态度的积极影响。其中，需要指出的是人际信任和互惠合作对居民旅游支持态度具有明显的积极作用，而共同愿景的影响不显著。回顾以往研究，本研究认为仅从居民对经济利益、社会文化和环境影响感知等角度探讨居民旅游支持态度的研究具有一定的片面性。正如 Coleman 所说，微观层面的个体行动是一种理性行为，具有较强的目的性，而依托社会资本的个体行动往往能实现共同目标。社会资本为社会结构内部的个体行动创造了便利，帮助个体实现特定目标。换言之，在乡村旅游发展中，社会资本能克服社区居民的理性"经济人"的角色，强化"社会人"的意义。社区居民主要从事个体旅游经营活动，居民之间的人际信任与互惠合作能强化居民之间的社会交往，弱化彼此之间的竞争性，有助于建立更好的情感连带与合作共享关系，将形成乡村旅游发展的向心力。同时，还能促成社区居民的集体行动，提高旅游发展的使命感，丰富社区居民的"社会人"内涵，这也将成为提高居民旅游支持态度的社会基础。社会资本能使相对分散的个体通过信任、规范、网络这些关系聚集到一块，并建立合作关系，形成合作组织，进而在集体行动方面发挥重要作用。而共同愿景对居民旅游支持态度的影响不显著，结合访谈和调查的情况来看，社区居民对于彼此执行共同目标的投入程度心存疑惑，可能依然存在"出工不出力"的现象。这也再次彰显了未来知识教化社区居民的重要性，通过知识转移来提高居民的思想水平和知识素养，深刻认识社会资本对于社区的乡村旅游发展和社区居民红利的共同价值。

7.1.3 社会资本对社区居民之间的知识转移具有显著的正向影响，为居民吸收新知识、促成知识共享、摒弃私利创造了重要动力

社会资本是促进社区居民之间知识转移的重要因素，也是增加社区居民福利的社会资产。Allen 曾指出个体间知识转移行为具有纯粹的私人特征，表现出个体理性与集体理性的冲突，社会资本为解决此困境打开了窗口。人际信任、互惠合作与共同愿景作为社会资本的三个重要元素，在促进社区居民之间的知识转移中将发挥重要作用。第一，在乡村旅游发展中，社区居民之间的人际信任是一种重要的社会关

系，这种信任关系可以加深当地居民之间的情感，弱化彼此对知识转移收益和代价的市场性预期，增强社区居民之间知识转移的意愿。同时，人际信任还能降低彼此知识转移的竞争性，提高双方知识转移的效率。第二，知识转移是一种典型的知识交换活动，互惠合作能为知识转移提供动力。居民之间的这种你来我往、互助合作、互惠互利的行为，能降低彼此之间互相监督的成本，加速居民之间的知识转移。此外，社区居民之间的互惠合作行为，还能促进居民彼此利益的最大化，增进整体福利，从而提高社区居民之间知识转移和共享的意愿，进而改善彼此旅游经营与管理活动。第三，构建社区居民广泛认可的共同愿景，有助于形成共同的工作准则和共有的价值观，引领社区居民聚焦于共同目标，深刻认识乡村旅游发展对于个人和集体的价值，激发社区居民知识转移的意愿，促成更多的知识转移行为。

7.1.4 知识转移对居民旅游支持态度具有积极影响

知识已成为旅游目的地创新发展和提升竞争力的重要驱动力。在乡村社区层面，知识逐渐成为社区居民备受认同的"社会资产"，知识转移对乡村旅游发展和居民旅游支持态度的正面效应在不同居民群体中形成共同认识。社区居民之间的知识转移能显著提高居民的知识水平，弥补居民自身的知识缺陷，为居民创新旅游产品开发、提高旅游经营和管理水平以及促进乡村社区发展提供了丰富的知识来源与夯实的智力基础。同时，随着社区居民知识水平的不断积累，社区居民对旅游发展的认知能力、判断能力也随之增强，进而提高了社区居民解决乡村旅游发展问题的能力，增强社区居民参与乡村旅游发展的认同感、凝聚感和自豪感，进而转化为社区居民对旅游发展的支持态度。

此外，社区居民之间的知识转移还促进了知识在乡村社区内部的流通和分享，从而提高了乡村社区的整体知识水平，增强了乡村社区解决事关社区居民共同利益的各项公共事务的能力，并转化为增加社区居民的共同福祉，从而改善社区居民对乡村旅游发展的支持态度。未来，知识将在乡村旅游发展中扮演越来越重要的角色，知识将成为社区居民转变"经营家庭""经营乡村"理念的重要基础。知识转移也将为创造社区共享经济、增加居民福祉、提高居民旅游支持态度释放新能量。

7.1.5 不同性别的居民在社会资本与居民旅游支持态度的影响关系中的差异明显，而在知识转移与居民旅游支持态度的关系中的差异不大

通过对不同性别的居民的差异比较，研究发现，①性别在社会资本与居民支持

态度的影响关系中差异明显。具体来讲，女性居民比男性居民更加珍视信任关系对知识转移的影响，以及互惠合作对居民旅游支持态度的影响；男性居民比女性居民更加看重互惠合作对知识转移的影响关系。而共同愿景对居民旅游支持态度的影响在男性居民和女性居民中都不显著，这是一个很有意思但也值得深思的结论，这意味着不管男性居民还是女性居民，依然对于社区的共同愿景持有怀疑心态。未来，应大力加强对共同愿景的重要价值的正面传播和引导，激发共同愿景对居民旅游支持态度的正面效应。②男性居民和女性居民都认可知识转移对居民旅游支持态度的影响。这也充分表明所有社区居民不分男女，都认同知识转移对居民旅游支持态度的积极作用。换言之，在乡村旅游发展中，社区居民从彼此之间的知识转移活动中获益，不仅丰富了知识结构，实现了自我提升，还通过改进旅游经营方式实现了价值获得感的增加，从而对旅游发展持更加积极的支持态度。这也彰显了管理部门应重视和努力促进社区居民之间的知识转移与分享。

7.1.6 不同年龄的居民在社会资本—知识转移—居民旅游支持态度关系中的影响差异不一

根据三组不同年龄居民的比较研究结果来看，不同年龄的居民在"社会资本—知识转移—居民旅游支持态度"的关系中存在明显差异。

从社会资本对居民旅游支持态度和知识转移的影响角度来看：①青年居民更加重视人际信任对旅游支持态度和知识转移的影响；中年居民和老年居民更看重互惠合作对知识转移的影响。这说明青年居民渴望通过在信任的基础上与前辈和长辈之间建立长期友好的关系，不断拓宽人脉关系，并努力建立个人的声望，将年轻人的思想和知识逐步在群体中转移和扩散，增加新知识在乡村旅游中的渗透力并产生积极效应；中年居民和老年居民这两类参与乡村旅游、经营农家乐的时间比较长，以往的个人经验和教训让这两类居民深刻认识到建立互惠合作关系的价值，渴望通过互惠合作实现共赢。②中年居民和老年居民认同共同愿景对知识转移的影响，而青年居民则不显著。这是一个值得深思的结果，按照惯性的认识，年轻人更希望社区居民之间建立共同愿景，希望乡村旅游能朝着更加组织化、更加专业化的方向发展。本研究却得出相反的结果，可能存在以下两种可能：一是这或许意味着现在的年轻群体有着强烈的自我证明的欲望，渴望通过自身努力实现旅游经营的目标，也渴望通过自身的成功影响周边的人，实现个人知识和成功经验的不断转移，不断被人接受和认可；二是部分年轻居民基于对当地乡村旅游发展历程和现状的认识，产生对共同愿景促进知识转移正面效应的质疑，这是未来管理实践中需要重视和解决的问题。③三类不同年龄的居民并非完全认同共同愿景对旅游支持态度的影响。这是一个很有意思但也值得深思的结论。这意味着这三类居民，依然对于社区共同的愿景抱有质疑，依然会对居民是否全力以赴实现共同愿景有所怀疑和顾虑，才出现目前各类居民对共同愿景有助于提高居民旅游支持态度这一关系不赞同的情况。

从知识转移对居民旅游支持态度的影响角度来看，老年居民的影响关系最强烈。这是一个很有意思且值得欣喜的结论，相比于青年居民和中年居民，老年居民对知识转移和分享活动更加渴望，老年居民渴求吸收更多的新知识、成功经验和方法，学习年轻人的好做法、好模式，实现自身的技能水平和经验知识的"二次提高"；同时，希望借助知识的力量，改进自身传统的旅游经营方法，增加旅游收益，这将大大促进老年居民群体支持旅游发展的信心。这一结论也凸显了在老年居民中开展知识和技能培训的重要性和必要性。管理部门应继续鼓励发扬"活到老，学到老"的学习精神，帮助居民互相学习知识、掌握新技能，提高老年居民的内在素养；同时，积极创造机会引导和鼓励老年居民之间转移与分享知识，提高知识的扩散效应，使得知识的力量让所有居民受益。

7.1.7　社区居民的不同教育程度的影响差异显著

通过研究发现：①大学居民比非大学居民更加重视和认同人际信任与互惠合作对知识转移的作用；而非大学居民更加认同共同愿景对知识转移的作用。这也体现出学历较高的居民更加重视邻里之间建立长期的信任与互惠合作的关系。一个很有意思的结果就是，大学居民就共同愿景对知识转移的影响不显著，而非大学居民的影响则显著。一般认为，接受的教育越高，对通过构建共同愿景、激发旅游发展向心力等行为越充满信心。但是本研究却得出相反的结论，可能存在以下可能：大学居民在向他人传递构建共同愿景来规范社区居民的行为、引领居民的共同行为的过程中，遭遇了一些质疑，从而影响了其对共同愿景效应的信心。②大学居民比非大学居民更加重视和认同人际信任与互惠合作对居民旅游支持态度的作用；而共同愿景对居民旅游支持态度的影响上，大学居民和非大学居民的影响都不显著。大学居民相信社区居民之间的人际信任会成为一种"公民意识"，化为支持旅游发展的有利因素；而共同愿景对居民旅游支持态度的影响在这两类居民中都不显著，与前文研究结论一样，这意味着这两类居民，依然对于社区的共同愿景抱有质疑，未来亟待加强在社区内部关于共同愿景的价值意义的正面宣传。③非大学居民相比大学居民更加认同知识转移对居民旅游支持态度的积极作用。这是一个很有意思的结论。这也意味着非大学居民虽然没有接受过高等教育，却充分相信和认同知识的价值，以及知识转移对居民旅游支持态度的正面效应。换言之，在乡村旅游经营中，非大学居民广泛认可和希望通过彼此之间的知识转移与交换行为，实现互补双方的知识结构，提高原有的知识基础，提高自身的专业知识和技能，渴望吸收他人更多的成功经验和方法，改进和提高自身的旅游经营，从而让知识在旅游发展中发挥最大化的力量，增加社区居民从知识转移中的收益，从而改善居民旅游支持态度。这也凸显了管理部门和社区应加强对居民技能培训，特别是面向未接受过高等教育的居民，引进新知识和新技能，帮助居民提高自身素质；同时引导和鼓励居民之间转移与分享知识，形成知识扩散效应，打造知识型社区。

7.2 主要理论贡献

社区居民对旅游发展的支持态度是乡村旅游发展最厚实的社会基础，决定着乡村旅游发展的根基和前景，也影响着当地社区居民之间、居民与游客之间的良性关系，有助于形成居民与社区和谐共存的良好局面。理解社区居民对旅游发展的态度需要检验一系列复杂的变量和相关的影响因素。本研究借鉴相关理论，通过探讨社会资本、知识转移和居民旅游支持态度的影响关系，形成了一定的理论贡献。具体如下。

7.2.1 构建了"社会资本—知识转移—居民旅游支持态度"的概念模型，为未来社区居民旅游支持态度领域的研究提供了一个新的思路

以往关于居民旅游支持态度的研究，主要依托社会交换理论的理性经济人的假设，基于"成本—收益"的逻辑主线，从社区居民对旅游发展的"经济—社会—文化—环境"影响感知的视角，解构居民旅游支持态度的形成机理。这一假设的前提是认为不同的居民对于旅游发展带来的收益与损耗有相同的认知和理解水平，总能依靠有限的认知能力做出理性的决策。然而，我们必须清醒地认识到，社区居民对现实世界的认知是有限的，社区居民的认知能力也是存在差异的，他们对旅游发展的感知和评价无法基于理性来完整解释。尽管已有研究也对社会资本以及知识转移各自对居民旅游支持态度的影响做了探讨，然而分散化和非理论化的研究结论使得该领域的现有研究之间难以真正进行学术对话，这种局限也在一定程度上制约了该

领域学术研究的积淀与扩展。

因此，本研究构建了"社会资本—知识转移—居民旅游支持态度"的概念模型，将知识转移作为关键变量，并引入影响乡村社区居民社会交往的社会资本概念，认为以人际信任、互惠合作与共同愿景为核心要素的社会资本是居民旅游支持态度和知识转移的重要影响因素，共同纳入到居民旅游支持态度的研究范畴，形成了一个较为清晰的分析思路。虽然该概念模型尚未完全成熟，但依然能为居民旅游支持态度领域的研究提供一个新思路，对乡村旅游发展现实中存在的居民个体能力提升遭遇困境的现象给出一个较有力的解释，也在一定程度上弥补了以往依托社会交换理论研究假设的缺陷，使得对居民旅游支持态度的研究更加体现和符合时代特征。本研究构建的概念模型，强调知识转移是影响居民旅游支持态度的重要变量，有效拓宽了居民旅游支持态度研究的思路，也丰富了知识转移的理论内涵。

7.2.2 提出社区居民兼具"经济人""社会人"和"知识人"的"三元角色论"，为未来研究乡村旅游发展中社区居民的身份和作用扩充了研究内涵

以往关于居民旅游支持态度的研究中，社区居民更多地被视为理性"经济人"，根据自我需要决定和实施自己的行为。这种过度地聚焦经济影响感知和对经济利益追求的研究视角往往会削弱社区居民对旅游发展中生活幸福感、价值观以及自我提升等方面的关注和追求，也忽略了社区居民的其他属性。

基于研究发现，本研究提出社区居民兼具"经济人""社会人"和"知识人"的"三元角色论"。首先，社区居民参与和支持乡村旅游发展，具有从旅游中获得经济收益的初衷，体现的是理性"经济人"的属性；其次，社区居民作为嵌在乡村社区关系网络中的个体，彼此之间的社会交往改善了社会关系，提高了社会资本，为社区居民的个人行动与集体行动、增加共同福祉植入了活力，体现出"社会人"的角色属性，也彰显了社区居民的"社会内涵"。最后，社区居民基于自我提升动机驱使下的知识转移活动，不仅实现了社区居民个人知识水平的提升，旅游经营与管理能力的提升，也促进了社区整体知识水平的双提升，体现了社区居民"知识人"的属性。相比于以往对社区居民单一身份或角色的研究并不能真正反映社区居民的丰富内涵，抑或社区居民身份割离的研究思路也限制了学术研究的拓展，本研究提出"三元角色论"的观点为未来乡村旅游研究中深刻把握社区居民的多重身份角色，解构居民旅游支持态度的内生机制、发挥社区居民多重身份角色的利益主体作用提供了更为

完整的研究视角，也扩充了研究内涵。

7.2.3 提出社区居民的知识是影响旅游地生命周期的重要变量，促成了关于旅游地生命周期影响因素的"内因说"与"外因说"两种平行视角的对话，充实了旅游地生命周期理论的内涵

以往关于旅游地生命周期影响因素的研究呈现出"内因说"和"外因说"两大主流阵营。前者聚焦于旅游地内部自身条件因素的更替所带来的被动式调整，后者聚焦于外部环境条件的动态变化所诱发的无奈式改变。两大阵营各执一词，而且通过大量的文献研究抢占话语权，自成体系，互相割裂。然而，令人遗憾的是，两大阵营没有回答和解决"旅游地居民对旅游发展的支持态度会随着发展阶段的变化而降低的现象"这一问题。

本研究通过案例研究和定量实证研究，提出社区居民的知识是影响旅游地生命周期的重要的积极变量。知识转移有助于提高社区居民的个体能力，为"内因说"和"外因说"两大主流阵营架起了一座互通的桥梁，并在一定层面上弥补了上述两种平行视角之间互相割裂的局限。一方面，社区居民自身知识的积累能显著提高认知能力，能主动改变和提高旅游经营与能力，提高乡村社区应对公共事务的能力，从内部促进生命周期的演化，化"被动式调整"为"主动式提升"，促进乡村旅游内涵式发展；另一方面，知识的积累和提高有助于社区居民主动感知外部环境的动态变化，以更好的知识和能力提出更好的应对策略，化"无奈式改变"为"主动式应变"。知识所带来的两大积极变化，能极大地提升社区居民支持旅游发展的信心，促进乡村旅游的可持续发展。同时，将社区居民个体的知识转移与个人能力提升纳入旅游地生命周期理论的研究范畴，强调旅游地生命周期理论的研究未来应更加关注社区居民作用的研究价值取向，既为回答旅游支持态度的阶段变化论这一学术问题提供了一个新视角，也丰富了旅游地生命周期理论的内涵，延伸了旅游地生命周期理论的应用边界。

7.2.4 提出了具有中国特色的乡村旅游与居民旅游支持态度研究的新观点

首先，老年居民最认同知识转移对旅游支持态度的影响效应。以往，"吃饭、抽烟、打牌"是对当前中国乡村老年人生活状态的惯性印象，但本研究对案例地的实证研究发现，老年居民群体最渴望通过知识转移和分享活动，学习和吸收更多他

人的成功经验和方法。这是本研究发现的一个具有中国特色的亮点结论，正如刘禹锡在《酬乐天咏老见示》诗中所述的"莫道桑榆晚，为霞尚满天。"老年居民表现出渴望通过互相学习知识、实现自身传统经验知识的"二次提高"的良好势头，凸显了未来在老年居民群体中开展技能培训的重要性与必要性，提高知识的扩散效应，有助于推进和实施以提高老年居民参与支持乡村旅游发展的热情、继续发挥余热为主的"老年战略"。

其次，强化从"社区参与"走向"社区主导"这一中国特色的社会意义。旅游是西方社会当地社区发展的力量之一，却是中国当地社区发展的主导力量。本研究认为仅仅"居民参与"或"社区参与"是不够的，以往当地居民分散独立经营的"社区参与"往往导致产业弱质化。在中国，必须从"社区参与"走向"社区主导"，这是中国乡村旅游发展的特色和国情，也是决定乡村旅游发展成败的关键内部因素。通过知识转移，提高当地居民的知识水平，提高当地居民旅游经营的组织化程度和社区控制能力，才能真正让当地居民从旅游发展中公平受益，有助于实现乡村社区的精准扶贫。

最后，"内生式发展"依然是中国特色的乡村旅游发展的主要路径。从"输血式扶贫"转向"造血式脱贫"是中国乡村旅游谋求发展的路径，也是"内生式发展"的主要内涵。必须指出的是，"内生式发展"与"中国特色社会主义"有着天然的学理关系。以往，我们一直在引进国外学术理论和观点，然而，从某种意义上讲，"内生式发展"的重要理论基础来自"自力更生"。这也使乡村旅游的内生式发展更加体现中国特色的内涵。

7.3 管理建议

本书的研究结论对我国乡村旅游开发与社区居民的关系维护、对提高居民旅游支持态度、对促进乡村旅游可持续发展等方面具有一定的启示。以往关于居民旅游支持态度、社区居民与旅游的关系等方面的研究主要采取"经济—社会—文化—环境"的影响感知评价思路，在具体的管理实践层面，也是主要通过提高正面影响感知、降低负面影响感知以及增加旅游收益来提高居民对旅游发展的支持态度。本书研究论证了社会资本、知识转移对居民旅游支持态度的影响关系，为上述传统的管理模式和思维决策提供了一种新路径。

第一，政府应该在帮助社区培育社会资本中扮演更重要的角色，积极发挥社会资本对于提高居民旅游支持态度、促进知识转移的效应。正如 Putnam 所说，政府制定合理的政策就能促进社会资本的形成和发展，同时，社会资本也会反过来提高政府行为的效力。政府支持旅游发展对于社区以及居民来说是一项非常重要的社会资源，政府可以作为一个非常重要的社会网络节点介入乡村社区的社会资本，为社区居民改进经营和管理模式、提供学习培训机会、熟悉相关国家政策等方面创造条件与提供帮助。同时，政府的支持和帮助，能使乡村社区居民的社会网络持续延伸和扩大，社会资本存量持续增加。同时，居民个人的社会资本存量的增加，还能显著提高社区的社会资本水平，从而降低居民之间的交易成本，增强社区居民支持旅游发展的态度和信心，促进知识在社区内部以及居民之间快速流动，促进社区资源和个人资源共享，从而促进乡村旅游产业的集聚化发展。

第二，政府和社区应引导社区居民之间建立"旅游互助小组"，加深居民之间的社会关系，鼓励一部分率先发展起来的居民帮助落后的居民改善旅游经营和管理方法；同时，社区居民之间在旅游产品销售、餐饮原材料提供、民宿互相推荐预订等方面建立互助合作模式，实现旅游产品和旅游服务供应联动化，避免部分居民旅游产品和服务闲置，这将进一步提升居民之间的信任水平和互惠合作意愿。此外，政府和社区应多组织居民集体活动，加强居民之间的情感联动；同时，定期组织社区居民外出学习其他地区乡村旅游发展的成功经验和模式，鼓励居民主动承担社区旅游发展职责，明确具体工作，强化主人翁意识，构建社区旅游发展的共同愿景，确保社区旅游发展的红利惠及全体居民，形成社区居民协同合作、奋发努力的良好氛围。

第三，政府应联合社区引导社区居民建立"社区学习社团"，形成社区居民之间知识转移活动"组织化"和"常态化"的良好模式。首先，通过正式或非正式组织的形式，定点、定期地组织学习活动，帮助社区居民学习旅游发展的相关学科专业知识、旅游成功经验和经典案例，促进旅游专业新知识在居民间转移和分享，增加居民知识的存量和广度，形成社区居民之间"知识转移活动组织化"。其次，社区居民自发地指定或者邀请部分旅游经营和管理较为成功的居民分享自身经验，为其他居民传授旅游产品创新设计、线上线下联动营销、对外合作经营、旅游管理等心得，促进旅游经营成功模式与旅游开发新知识等在居民之间共享与转移，形成社区居民之间"知识转移活动常态化"。通过多形式的知识转移活动，以知识促提升，推动乡村旅游内涵式发展。

第四，旅游管理部门应主动承担起"知识中介"的作用。旅游业是一个基础性服务产业，其管理实践高度聚焦于有效的信息和知识的交换与转移。知识转移对一个旅游目的地提高竞争力具有重要作用。乡村社区由众多民宿、农家乐等家庭式小企业和小组织组成，社区居民是不同知识的来源。旅游管理部门应扮演"知识中介"的角色，不仅要成为架起不同居民和不同知识源联通的"桥梁"，帮助社区居民将各自知识和经验与他人进行互相转移与分享，实现各自的提升；同时，还要成为新知识引进的开拓者，帮助更广泛的旅游从业者学习新技术、新理念、新模式，推动知识在乡村社区内聚集与共享。未来，旅游管理部门还应积极在整个旅游领域鼓励跨行业、跨专业、跨部门的知识转移，提高旅游业整体发展的知识水平。

第五，培养乡村精英，激发和凝聚乡村旅游发展的合力。重点培养在外经商成功回乡的社区居民或者掌握新知识、新理念的社区居民，成为有带头作用和引领作用的乡村精英，充分发挥他们的家乡情结、奉献和服务于乡村社区与居民的精神，利用他们的能力、资源和影响力，凝聚居民的智慧和力量，形成为实现共同愿景而奋斗的合力。同时，将乡村精英打造成为乡村社区新知识的"传播源"，促进他们的新知识在广大居民之间转移和分享，提高乡村居民的知识水平和整个社区的知识水平，充分发挥知识在乡村旅游发展中的效应。

第六，社区居民之间知识转移为乡村旅游发展探索从"输血"走向"造血"提供了战略途径。以往在乡村旅游发展过程中，往往借助于"外力"来"输血"，通过吸引人才进乡村，吸引技术进乡土。社区居民之间的知识转移帮助乡村和居民修炼"内功"，实现自我"造血"。通过农业生产技术培训、乡村旅游经营学习、互帮互带、互利互助等方式，发挥社区居民的个人主观创造力，实现乡村社区居民自我知识水平和专业技能的提升，并促进知识在居民之间快速转移，增加居民专业知识的存量，培育知识化、现代化的乡村社区居民，帮助居民发展成为专业化的农旅复合型人才，实现居民身份和能力的华丽转变。

7.4　研究不足与展望

本书在研究构念的测量、研究范围、研究方法、其他研究变量因素的选择等方面还存在一定的局限性，这也是未来研究值得继续发展和深化的方向。总结起来，主要包括以下几个方面。

第一，研究构念测量的局限。本研究设计的知识转移这个构念的测量题项主要参考和借鉴了企业与组织管理领域的相关研究。尽管企业组织与乡村社区这两类组织之间存在一定的相似性，但在性质上依然存在较大的差异，未来应该首先开展定性研究，基于扎根理论，提炼出与旅游相关的测量题项，开发基于乡村旅游情境的知识转移研究量表，深化理论构念的操作化测量，提高研究构念的应用情境化程度，这既能丰富乡村旅游领域的知识转移理论研究，也能为未来知识转移的研究对象扩展到旅游者、政府机构人员等起到铺垫作用。

第二，研究范围的局限。本书的研究案例地主要选择了浙江省湖州市的四个乡村社区，这在某种程度上控制了地域选择，提升了研究的内部效度。但是，同样也不可避免地削弱了研究的外部效度，从而降低了研究结论的普遍意义。因此，未来的研究应积极拓展范围，选择省内不同地市、跨省不同地区、不同发展水平乡村社区的抽样和比较，乃至扩大至跨国的对比研究。比如，通过选择东部地区和西部地区的乡村社区开展对比研究，验证不同地区的社区居民在社会资本—知识转移—居民旅游支持态度关系中的异同，促进主要研究构念之间的关系更加成熟与稳固，以进一步提升研究结论的外部效度，扩大研究结论的普适性。

第三，研究设计方面的不足。由于条件限制，本研究收集的数据属于横截面数据，而且被调查者往往是以个人自我陈述或评价为主要的回答方式，通过采用横截面数据的统计分析来检验提出的假设模型，以论证理论分析框架中的因果关系，这将不可避免地存在未能有效降低共同方法偏差的问题，也影响研究变量之间严格的因果关系的有效性。因此，未来应该使用更多的纵向研究设计，以进一步检验和论证研究结论，从而弥补方法上的缺陷。同时，尽管本书在研究过程中也花费了大量的时间和精力开展问卷调查，并且回收的有效样本量也满足实证统计分析的要求，但囿于人力、财力和物力等方面的限制，搜集的样本数据以及开展的实证分析也并非真正意义上的"大样本研究"。鉴于此，未来尚需在数据收集方面付出更多的努力，以进一步增加实证研究结果的有效性和说服力。

第四，其他研究变量因素选择的局限。本书在研究居民旅游支持态度的影响这一问题上，主要构建了"社会资本—知识转移—居民旅游支持态度"的概念模型，研究社会资本、知识转移对居民旅游支持态度的影响。事实上，我们必须认识到，影响居民旅游支持态度的因素是多样化的，也是复杂化的，未来的后续研究可以从"人—地"内部关系、"居民—游客"的内部和外部互动关系、居民行为变化、社区结构、政策的变化、知识转移的绩效等角度层层剥开其中的影响关系，以及从经济人视角的"成本—收益"权衡转向凸显社会人内涵的"成本—收益"权衡的研究视角等，为回答和解决居民旅游支持态度这一现实问题提供更多的理论支撑和实证材料。

参考文献

1. AAS C, LADKIN A, FLETCHER J. Stakeholder collaboration and heritage management. Annals of Tourism Research, 2005, 32 : 28–48.

2. Aboriginal and Torres Strait Islander Commission (ATSIC) .On our own terms : promoting aboriginal and Torres Strait Islander involvement in the Australian tourism industry. Canberra, 1996.

3. ADGER W N, BARNETT J, BROWN K, et al. Cultural dimensions of climate change impacts and adaptation. Nature Climate Change, 2013, 3 (2): 112–117.

4. AGARWAL S. Restructuring seaside tourism : the resort lifecycle. Annals of Tourism Research, 2002, 29 (1): 25–55.

5. AGARWAL S. The resort cycle and seaside tourism, an assessment of its applicability and validity. Tourism Management, 1997, 18 (2): 65–73.

6. AHUJA G. Collaboration networks, structural holes, and innovation : a longitudinal study. Administrative Science Quarterly, 2000, 45 (3): 425–455.

7. AKIS S, PERISTIANIS N, WARNER J. Residents' attitudes to tourism development, the case of Cyprus. Tourism Management, 1996, 17 (7): 481–494.

8. ALAVI M, LEIDNER D E. Review : knowledge management and knowledge management systems : conceptual foundations and research issues. MIS Quarterly, 2001, 25 (1): 107–133.

9. ALLEN L R, GIBSON R . Perceptions of community life and services : a comparison between leaders and community residents. Journal of the Community Development Society, 1987, 18 : 89 –103 .

10. ALLEN L R, HAFER H R, LONG R, et al. Rural residents' attitudes toward recreation and tourism development. Journal of Travel Research, 1993, 31 (4): 27–33.

11. ALLEN L R, LONG P T, PERDUE R R, et al.The impact of tourism development

on residents' perceptions of community life. Journal of Travel Research, 1988, 26 (1): 16–21.

12. ALLEN T. Managing the flow of technology. Cambridge : MIT Press, 1977.

13. ANDERECK K L, NYAUPANE G P. Exploring the nature of tourism and quality of life perceptions among residents. Journal of Travel Research, 2011, 49 (3): 248–260.

14. ANDERECK K L, VALENTINE K M, KNOPF R C, et al. Residents' perceptions of community tourism impacts. Annals of Tourism Research, 2005, 32 (4): 1056–1076.

15. ANDREWS K M, DELAHAY B L. Influences on knowledge processes in organizational learning : the psychosocial filter. Management Study, 2000, 37 : 797 –810.

16. ANDRIOTIS K, VAUGHN R. Urban residents' attitudes toward tourism development : the case of Crete. Journal of Travel Research, 2003, 42 (2): 172–185

17. ARGOTE L, INGRAM P. Knowledge transfer : a basis for competitive advantage in firms.Organizational Behavior and Human Decision Processes, 2000, 82 (1): 150–169.

18. ARGOTE L. Organization learning : creating, retaining and transferring knowledge. Kluwer Academic Publishers, 1999, 45 (3): 142–189.

19. ARGOTE L, INGRAM P. Knowledge transfer : a basis for competitive advantage in firms. Organizational Behavior and Human Decision Processes, 2000, 1 (82): 150–169.

20. ARMSTRONG C P, SAMBAMURTHY V. Information technology assimilation in firms : the influence of senior leadership and IT infrastructures. Information Systems Research, 1999, 10 (4): 304–328.

21. AYERS J S, POTTER H R. Attitudes toward community change : a comparison between rural leaders and residents. Journal of the Community Development Society, 1989, 20 (1): 1–18 .

22. BACHLEITNER R, ZINS A H. Cultural tourism in rural communities : the

residents' perspective, Journal of Business Research, 1999, 44（3）: 199–209.

23. BÆRENHOLDT J O, HALDRUP M. Mobile networks and place making in cultural tourism—staging viking ships and rock music in Roskilde. European Urban and Regional Studies, 2006, 13（3）: 209–224.

24. BAGGIO R, COOPER C. Knowledge transfer in a tourism destination : the effects of a network structure. The Service Industries Journal, 2010, 10（30）: 1757–1771.

25. BAGGIO R, CHIAPPA G. Real and virtual relationships in tourism digital ecosystems. Information Technology and Tourism, 2014, 14（1）: 3–19.

26. BALAND J M, PLATTEAU J P. The ambiguous impact of inequality on local resource management. World Development, 1999, 27（5）: 773–788.

27. BARIC A, STEVENSON Y, VAN D V. Community involvement in tourism development for the southern Highlands.// HALL C M, JENKINS J, KEARSLEY G.Tourism Planning and policy in australia and new zealand : cases, issues and practice. Australia Sydney : Irwin Publishers, 1997 : 168–180.

28. BARRE H, JAFARI J. Culture, tourism, development : crucial issues for the twenty–first century. Annals of Tourism Research, 1997, 24（2）: 474–476.

29. BARUCH Y, LIN C P. All for one, one for all : coopetition and virtual team performance. Technological Forecasting & Social Change, 2012, 79（6）: 1155–1168.

30. BAUM T. Taking the exit route, extending the tourism area life cycle model. Current Issues in Tourism, 1998, 1（2）: 167–175.

31. BELISLE F J, HOY D R. The perceived impact of tourism by residents : a case study in Santa Maria, Columbia. Annals of Tourism Research, 1980, 7（1）: 83–101.

32. BELSKY J. Misrepresenting communities : the politics of community–based rural ecotourism in gales point manatee, Belize. Rural Sociology, 1999, 64（4）: 641–666.

33. BENEDETTO C A D, BOJANIC D C. Tourism area life cycle extensions. Annals of Tourism Research, 1993, 20（3）: 557–570.

34. BERNO T. When is a guest a guest? Cook Islanders conceptualize tourism. Annals of Tourism Research, 1999, 26 (3): 565–675.

35. BESCULIDES A, LEE M, MCCORMICK P. Residents perceptions of the cultural benefits of tourism. Annals of Tourism Research, 2002, 29 (2): 303–319.

36. BIAN Y J. Bringing strong ties back in : indirect ties, network bridges, and job searches in China. American Sociological Review, 1997, 62 : 366–385.

37. BIGGADIKE E R. The contributions of marketing to strategic management. Academy of Management Review, 1981, 6 : 621–632.

38. BLACKMAN A, FOSTER F, HYVONEN T, et al. Factors contributing to successful tourism development in peripheral regions. Journal of Tourism Studies, 2004, 15 (1): 59–70.

39. BLAU P M. Exchange and power in social life. New York : John Wiley Press, 1964.

40. BLOODGOOD J M, SALISBURY W D. Understanding the influence of organizational change strategies on information technology and knowledge management strategies. Decision Support Systems, 2001, 34 (1): 55–69.

41. BOCK G W, ZMUD R W, KIM Y G, et al. Behavioral intention formation in knowledge sharing : examining the roles of extrinsic motivators, social-psychological forces, and organizational climate. Mis Quarterly, 2005, 29 (1): 87–111.

42. BOLTON G E, OCKENFELS A. ERC : a theory of equity, reciprocity, and competition. The American Economic Review, 2000 (3): 90–111.

43. BORGATTI S, CROSS R. A relational view of information seeking and learning in social networks. Management Science, 2003, 49 (4): 432–445.

44. BOUTY I. Interpersonal and interaction influences on informal resource exchanges between R&D and researcher across organizational boundaries. Academy of Management Journal, 2000, 43 (1): 50–65.

45. BOVARNICK A, GUPTA A. Local business for global biodiversity conservation : improving the design of small business development strategies in biodiversity projects. New York : United Nations Development Programme, 2003 : 18–25.

46. BOWLER I R, BRYANT C R, NELLIS M D. Contemporary rural systems in

transition . Geographical Journal, 1992, 160 (2): 166–186 .

47. BRACE I. Questionnaire design : how to plan, structure and write survey material for effective market research. Kogan Page Publishers, 2008.

48. BRADACH J L, ECCLES R G. Price, authority, and trust : from ideal types to plural forms. Annual Review of Sociology, 1989, 15 : 97–118.

49. BRAMWELL W, LANE B. Sustainable tourism, an evolving global approach. Journal of Sustainable Tourism, 1993, 1 (1): 1–5.

50. BREGOLI I, DELCHIAPPA G. Coordinating relationships among destination stakeholders : evidence from Edinburgh (UK) . Tourism Analysis,2013,18 (2): 145–155.

51. BRESMAN H, BIRKINSHAW J, NOBEL R. Knowledge transfer in international acquisitions. Journal of International Business Studies, 1999, 30 : 439–462.

52. BREUKEL A, GO F M. Knowledge–based network participation in destination and event marketing : A hospitality scenario analysis perspective. Tourism Management, 2009, 30 (2): 184–193.

53. BRIEDENHANN J, WICKENS E. Tourism routes as a tool for the economic development of rural areas–vibrant hope or impossible dream? Tourism Management, 2004, 25 (1): 71–79.

54. BRIÑOL P, PETTY R E, WHEELER S C. Discrepancies between explicit and implicit self–concepts : Consequences for information processing. Journal of Personality and Social Psychology, 2006, 91 (1): 154–170.

55. BROWN J S, DUQUID P. Knowledge and organization : a social–practice perspective. Organizational Science, 2001, 12 (2): 198–213.

56. BRUNIE A. Meaningful distinctions within a concept : relational, collective, and generalized social capital. Social Science Research, 2009, 38 (2): 251–265.

57. BRUNT P, COURTNEY P. Host perceptions of sociocultural impacts .Annals of Tourism Research, 1999, 26 : 493–515 .

58. BRYANT E, NAPIER T L. The application of social exchange theory to the study of satisfaction with outdoor recreation facilities. Marquette University Press, 1981 : 83–98.

59. BURG E V, BERENDS H, RAAIJ E M V. Framing and inter-organizational knowledge transfer : a process study of collaborative innovation in the aircraft industry. Journal of Management Studies, 2014, 51 (3): 349-378.

60. BURT R S. Secondhand brokerage : evidence on the importance of local structure for managers, bankers, and analysts. Academy of Management Journal, 2007, 50 (1): 119-148.

61. BURT R S.Structural holes and good ideas. American Journal of Sociology, 2004, 110(2): 349-399.

62. BUTLER R, VALENE L S, WILLIAM R E. Alternative tourism, the thin end of the wedge. Tourism Alternatives University of Pennsylvania Press, 1992 : 31-46.

63. BUTLER R W. The concept of a tourist area cycle of evolution, implications for management of resources. Canadian Geographer, 1980, 24 : 5-12.

64. CAMPBELL D T, FISKE D. Convergent and discriminant validation by the multitrait — multimethod matrix. Psychological Bulletin, 1959, 56 : 81-105.

65. CANAN P, HENNESSY M. The growth machine, tourism, and the selling of culture. Sociological Perspectives, 1989, 32 (2): 227-243.

66. CARNEVALE D G, WECHSLER B. Trust in the public sector : individual and organizational determinants. Administrationand Society, 1992, 23 (4): 471-494.

67. CARTER R W, BEETON R J S. Managing cultural change and tourism : a review and perspective. OAI, 2008 : 134-156.

68. CHANG H H, CHUANG S S. Social capital and individual motivations on knowledge sharing : participant involvement as a moderator. Information & Management, 2011, 48(1): 9-18.

69. CHAVIS D M, WANDERSMAN A. Sense of community in the urban environment : a catalyst for participation and community development. American Journal of Community Psychology, 1990, 18 (1): 55-81.

70. CHEN D, PRESTON D S, XIA W. Antecedents and impacts of cio supply-side and demand-side leadership : a staged maturity model. Journal of Management Information Systems, 2010, 27 (1): 231-267.

71. CHIU C M, HSU M H, WANG E T G. Understanding knowledge sharing in virtual

communities : an integration of social capital and social cognitive theories. Decision Support Systems, 2007, 42 (3): 1872–1888.

72. CHOI H S, SIRAKAYA E. Measuring residents' attitude toward sustainable tourism : development of sustainable tourism attitude scale. Journal of Travel Research, 2005, 43 : 380394.

73. CHRISTALLER W. Some considerations of tourism location in Europe : the peripheral regions–under–developed countries–recreation areas.Papers of Regional Science Association, 1964, 12 (1): 95–105.

74. COHEN D J, PRUSAK L. In good company : how social capital makes organizations work. Boston : Harvard Business School Press, 2001.

75. COHEN E. The changing faces of contemporary tourism. Folia Touristic, 2011, 25 (1): 13–19.

76. COHEN E. Toward sociology of international tourism. Social Research, 1972, 39, 164 –182.

77. COLEMAN J S. Social theory, social research, and a theory of action. American Journal of Sociology, 1986, 91 (6): 1309–1335.

78. COLEMAN J S. Foundation of social theory. Cambridge : The Belknap Press of Harvard University Press, 1994.

79. COLLINS C J, SMITH K G. Knowledge exchange and combination : the role of human resource practices in the performance of high–technology firms. Academy of Management Journal, 2006, 49 (3): 544–560.

80. COOKE K. Guidelines for socially appropriate tourism development in british columbia. Journal of Travel Research, 1982, 21 (1): 22–28.

81. COOPER C. Knowledge management and tourism. Annals of Tourism Research, 2006, 35 (1): 47–64.

82. COOPER C. Resorts in decline– the management response.Tourism Management, 1990, 11 : 63 –67 .

83. COOPER C, JACKSON S. Destination life cycle : the isle of man case study. Annals of Tourism Research, 1989, 16 (3): 377–398.

84. COOPER C, FLETCHER J, GILBERT D, et al. Tourism principles & practice.

London : Pitman Publishing, 1993.

85. COOPER M, LE Q T, CLASTER W, et al. Knowledge transfer in the tourism industry : implications of the use of social media in business analysis. Journal of Hospitality & Tourism, 2015, 13 (1) :1–15.

86. COTE J A, BUCKLEY R. Estimating trait, method, and error variance : Generalizing across 70 construct validation studies. Journal of Marketing Research, 1987, 24 : 315–318.

87. CROMPTON R, SANDERSON K. Gendered jobs and social change. London : Unwin Hyman, 1990

88. CRONBACH L J, MEEHL P E. Construct validity in psychological tests. Psychological Bulletin, 1955, 53 : 281302.

89. CROSS J E. Improving measures of community attachment.//Proceedings of the annual meeting of the rural sociology society. 2004 : 1–15.

90. DALLAGO B. The organizational and productive impact of the economic system : the case of SMES. Small Business Economics, 2000, 15 (4): 303–319.

91. DALLAGO L, PERKINS D D, SANTINELLO M, et al. Adolescent place attachment, social capital, and perceived safety : a comparison of 13 countries. American Journal of Community Psychology, 2009, 44 (1): 148–160.

92. DARR E D, ARGOTE L, EPPLE D. The acquisition, transfer and depreciation of knowledge in service organizations : productivity in franchises. Management Science, 1995, 41 : 1750–1762.

93. DAVENPORT T H, PRUSAK L. Working knowledge : how organizations manage what they know. Boston : Harvard Business School Press, 1999.

94. DAVIS D, ALLEN J, COSENZA R M.Segmenting local residents by their attitudes, interests and opinions toward tourism. Journal of Travel Research, 1988, 27 (2): 2 –8.

95. DAY G. The capabilities of market–driven organizations. Journal of Marketing, 1994, 58 : 37–52.

96. DEBBAGE K G. Oligopoly and the resort cycle in the Bahamas. Annals of Tourism Research, 1990, 17 (4): 513–527.

97. DELLER S. Rural poverty, tourism and spatial heterogeneity. Annals of Tourism Research, 2010, 37 (1): 180–205.

98. DERNOI L A. Farm tourism in Europe. Tourism Management, 1983, 4: 155–166.

99. DIN K H.The involvement stage in the evolution of a tourist destination. Tourism Recreation Research, 1992, 17 (1): 10–20.

100.DOT. Cultivating rural tourism. Canberra: Department of Tourism, 1995.

101.DOUGLAS N. Applying the life cycle model to melanesia. Annals of Tourism Research, 1997, 24 (1): 1–22.

102.DRUMM A, MOORE A. Ecotourism development: a manual for conservation planners and managers. Arlington: The Nature Conservation Agency, 2005.

103.DYER P, GURSOY D, SHARMA B, et al. Structural modeling of resident perceptions of tourism and associated development on the Sunshine Coast. Australia Tourism Management, 2007, 28 (2): 409–422.

104.EAGLY A H, CHAIKEN S. The psychology of attitudes. Journal of Marketing Research, 1997, 34(2): 697–765.

105.EBY L T, DOBBINS G H. Collectivistic orientation in teams: an individual and group–level analysis. Journal of Organizational Behavior, 1997, 18: 275–295.

106.EDELMAN L F, BRESNEN M, NEWELL S, et al.The benefits and pitfalls of social capital: empirical evidence from two organizations in the United Kingdom. British Journal of Management, 2004, 15(1): 59–69.

107.EISENHARDT K M. Building theories from case study research. The Academy of Management Review, 1989, 14 (4): 532–550.

108.EISENHARDT K M, GRAEBNER M E. Theory building from cases: opportunities and challenges. Academy of Management Journal, 2007, 50(1): 25–32.

109.ELSTER J. The cement of society: a study of social order. New York: Cambridge University Press, 1989: 248–249.

110.EMERY M, FLORA C B. Spiraling–up: mapping community transformation with community capital framework. Community Development, 2006, 37 (1): 19–35.

111.ENIS B M, GARCE R L, PRELL A E. Extending the product life cycle. Business

Horizons, 1977, 20（3）: 46–56.

112. ESMAN M R. Tourism as ethnic preservation : the cajuns of louisiana. Annals of Tourism Research, 1984, 11（3）: 451–467.

113. FARRELL B H, RUNYAN D. Ecology and tourism. Annals of Tourism Research, 1991, 18 : 26–40.

114. FARRELL B, SMITH V L, EADINGTON W R. Tourism as an element in sustainable development : Hana, Maui. Tourism Alternatives University of Pennsylvania Press, 1992 : 115 –134.

115. FAZIO R H. Attitudes as object–evaluation associations of varying strength. Social Cognition, 2007, 25（5）: 603–637.

116. FEHR E, SCHMIDT K M. A theory of fairness, competition, and cooperation. The Quarterly Journal of Economics, 1999（8）: 817–868.

117. FLEISCHER A, FELSENSTEIN D. Support for rural tourism : does it make a difference. Annals of Tourism Research, 2000, 27（4）: 1007–1024.

118. FLEISCHER A, PIZAM A.Rural tourism in Israel.Tourism Management, 1997, 18（6）: 367–372.

119. FLORA C B, RICKERL D, FRANCIS C. Community dynamics and social capital. Agro ecosystems Analysis, 2004 : 93–107.

120. FLYNN B B, SAKAKIBARA S, SCHROEDER R G, et al. Empirical research methods in operations management. Journal of Operations Management, 1990, 9（2）:250–284.

121. FORMICA S, UYSAL M. The revitalization of Italy as a tourist destination. Tourism Management, 1996, 17（5）:323–331.

122. FORNELL C, LARCKER D F. Evaluating structural equation models with unobservable variables and measurement error. Journal of Marketing Research, 1981, 66（6）: 39–50.

123. FOWLER F J. Survey research methods. Newbury Park CA : Sage, 1988.

124. FULLER J B, PATTERSON C E P, HESTER K, et al. A quantitative review of research on charismatic leadership. Psychological Reports, 1996, 78 : 271–287.

125. FUNILKUL S, CHUTIMASKUL W. The framework for sustainable e–democracy

development. Transformation Government People Process & Policy, 2009, 3（1）: 16-31

126. GARCIA-RAMON M D, CANOVES G, VALDOVINOS N. Farm tourism : gender and the environment in Spain. Annals of Tourism Research, 1995, 22（2）: 267-282.

127. GARNOVETTER M. Economic action and social structure : the problem of embeddedness. American of Sociology, 1985, 91 : 481-510.

128. GERSTNER C R, DAY D V. Meta-analytic review of leader-member exchange theory : correlates and construct issues. Journal of Applied Psychology, 1997, 82 : 827-844.

129. GETZ D. Tourism planning and destination life cycle. Annals of Tourism Research, 1992 : 752-768

130. GHERARDI S, NICOLINI D. 组织学习的社会学基础. 上海社会科学院知识与信息课题组译. 上海: 上海人民出版社, 2001.

131. GIBBON M, LABONTE R, LAVERACK G. Evaluating community capacity. Health & Social Care in the Community, 2002, 10（6）: 485-491.

132. GLASER B G, HOLTON J. The discovery of grounded theory. Strategies for Qualitative Research, 1967, 3（6）: 377-380.

133. GOODMAN R, SPEERS M, MCLEROY K, et al. Identifying and defining the dimensions of community capacity to provide a base for measurement. Health Education and Behaviour, 1998, 25（3）: 258-278.

134. GOUDY W J. Evaluations of local attributes and community satisfaction in small towns. Rural Sociology, 1977, 42 : 371-382.

135. GOULDNER A W. The norm of reciprocity : a preliminary statement. American Sociological Review, 1960, 25（2）: 161-178.

136. GRANOVETTER M. Economic action and social structure : the problem of embeddedness. American of Sociology, 1985, 3（91）: 481-510.

137. GRANOVETTER M S. The strength of weak ties. American Journal of Sociology, 1973, 78 : 1360-1380.

138. GREEN G P, MARCOUILLER D, DELLER S, et al. Local dependency, land

use attitudes, and economic development : comparisons between seasonal and permanent residents. Rural Sociology, 1996, 61 (3): 427–445.

139. GREFFE X. Is rural tourism a lever for economic and social development. Journal of Sustainable Tourism, 1994, 2 : 23–40.

140. GUPTA A K, GOVINDARAJAN V.Knowledge flows within multinational corporations. Strategic Management Journal, 2000, 21 : 473–496.

141. GURSOY D C, UROWSKI J, UYSAL M. Resident attitudes : a structural modeling approach . Annals of Tourism Research, 2002, 29 : 79–105.

142. GURSOY D, JUROWSKI C. Resident attitudes in relation to distance from touristattractions. Annals of Tourism Research, 2002, 29 : 79–105.

143. GURSOY D, KENDALL K W. Hosting mega events e modeling locals support. Annals of Tourism Research, 2006, 33 (3): 603–623

144. GURSOY D, RUTHERFORD D G. Host attitudes toward tourism : an improved structural model. Annals of Tourism Research, 2004, 31 (3): 495–516.

145. GURSOY D, CHI C G, DYER P. An examination of locals' attitudes. Annals of Tourism Research, 2009, 36 : 723–726.

146. GURSOY D, CHI C G, DYER P. Locals' attitudes toward mass and alternative tourism : the case of Sunshine Coast, Australia.Journal of Travel Research, 2010, 49(3): 381–394.

147. GURSOY D, JUROWSKI C, UYSAL M. Resident attitudes : a structural modeling approach. Annals of Tourism Research, 2002, 29(1): 79–105.

148. HALLIN C A, MARNBURG E. Knowledge management in the hospitality industry : a review of empirical research. Tourism Management, 2008, 29 (2): 366–381.

149. HANIFAN L J. The rural school community centre. Annals of the American Academy of Political and Social Sciences, 1916, 67(9): 130–138.

150. HANSEN M T. The search–transfer problem : the role of weak ties in sharing knowledge across organization subunits. Administrative Science Quarterly, 1999, 44(1): 82–111.

151. HAO H, LONG P, KLECKLEY J. Factors predicting homeowners' attitudes toward tourism : a case of a coastal resort community. Journal of Travel Research, 2011,

50（6），627-640.

152.HARRILL R. Resident's attitudes toward tourism development：a literature review with implications for tourism planning. Journal of Planning Literature, 2004, 18（3）：251-266.

153.HARRISON D. International tourism and the less developed countries：the background. London：Bellhaven, 1992.

154.HAWKINS D E. Transferring tourism knowledge：the role of higher education institutions. Journal of Quality Assurance in Hospitality & Tourism, 2006, 7（1）：13-27.

155.HAYNES S N, RICHARD D C S, KUBANY E S. Content validity in psychological assessment：a functional approach to concepts and methods. Psychological Assessment, 1995, 7（3）：238-247.

156.HAYWOOD K M. Can the tourist area life cycle be made operational. Tourism Management, 1986, 7：154-167.

157.HEATHER M. Global restructuring and local responses：investigating rural tourism policy in two Canadian communities .Current Issues in Tourism, 2006, 9（1）：1-46.

158.HEGARTY C, PRZEZBORSKA L. Rural and agri-tourism as a tool for reorganizing rural areas in old and new member states—a comparison study of Ireland and Poland. International Journal of Tourism Research, 2005, 7（2）：63-77.

159.HENDERSON R, COCKBURN I. Measuring competence? Exploring firm effects in pharmaceutical research. Strategic Management Journal, 1994, 15：63-84.

160.HENRY N, PINCH S. Specializing knowledge：placing the knowledge community of motor sport valley. Geoforum, 2000, 31（2）：191-208.

161.HERNANDEZ S A, COHEN J, GARCIA H L .Residents' attitudes towards an instant resort enclave .Annals of Tourism Research, 1996, 23：755-779.

162.HIPPEL E V. Cooperation between rivals：informal know-how trading. Research Policy, 1987, 16：291-302.

163.HJALAGER A M. Repairing innovation defectiveness in tourism. Tourism Management, 2002, 23（3）：465-474.

164.HOLTHAM C, COURTNEY N. Developing managerial learning styles in the context of the strategic application of information and communications technologies. International Journal of Training & Development, 2001, 5 (1): 22-34.

165.HORN C, SIMMONS D. Community adaptation to tourism : comparisons between Rotorua and Kaikoura, New Zealand . Tourism Management, 2002, 23 (2): 133 -143 .

166.HOVINEN G R. Revisiting the destination lifecycle model. Annals of Tourism Research, 2002, 29(1): 209-230.

167.HOVINEN G R. Tourism cycle in Lancaster County, Pennsylvania. Canadian Geographer, 1981, 25 : 283 -286.

168.HOVINEN G R.Visitor cycles outlook for tourism in Lancaster County. Annals of Tourism Research, 1982, 9(4): 565-583.

169.HU M M L, HORNG J S, SUN Y H C. Hospitality teams : knowledge sharing and service innovation performance. Tourism Management, 2009, 30 (1): 41-50.

170.HUANG Y J, STEWART W P. Rural tourism development : shifting basis of community solidarity . Journal of Travel Research, 1996, 34 (4): 26-31.

171.HUMMON D H. Community attachment : Local sentiment and sense of place. New York, 1992 : 253-278.

172.HUNG K, SIRAKAYA-TURK E, INGRAM L J. Testing the efficacy of an integrative model for community participation. Journal of Travel Research, 2011, 49(3): 276-288.

173.HUSBANDS W. Social status and perception of tourism in Zambia. Annals of Tourism Research, 1989, 16 : 237-253 .

174.HWANG P, WILLEM B. Properties of trust : an analytical view. Organizational Behavior and Human Decision Processes, 1997, 69 : 67-73

175.INKPEN A C, TSANG W K. Social capital, network and knowledge transfer. Academy of Management Review, 2005, 30(1): 146-165.

176.INKPEN A C. Learning through joint ventures : a framework of knowledge acquisition. Journal of Management Studies, 2000, 37 : 1019-1043.

177.INKPEN A C, TSANG E W K. Social capital, networks and knowledge transfer.

Academy of Management Review, 2005, 30 (1): 146–165.

178.IOANNIDES D. Tourism development agents : the Cypriot resort cycle .Annals of Tourism Research, 1992, 19 (4): 711–731.

179.JACKSON J. Developing regional tourism in China : the potential for activating business clusters in a socialist market economy. Tourism Management, 2006, 27 (4): 695–706.

180.JACKSON M S, INBARAKAN R J. Evaluating residents' attitudes and intentions to act toward tourism development in Regional Victoria, Australia. International Journal of Tourism Research, 2006, 8 : 355–366.

181.JAMAL T, GETZ D. Collaboration theory and community tourism planning. Annals of Tourism Research, 1995, 22 : 183–202.

182.JANSEN J J P, BOSCH F A J, VOLBERDA H W.Managing potential and realized absorptive capacity : how do organizational antecedents matter? Academy of Management Journal, 2005, 48 : 999–1015.

183.JOHNSON J D, SNEPENGER D J, AKIS S. Resident s' perceptions of tourism development . Annals of Tourism Research, 1994, 21 (3): 629–642.

184.JONES G R, GEORGE J M. The experience and evolution of trust : implications for cooperation and teamwork. Academy of Management Review, 1988, 23 (3): 531–546.

185.JONES S. Community–based ecotourism : the significance of social capital. Annals of Tourism Research, 2005, 32 (2): 303–324.

186.JOPPE M. Sustainable community tourism development revisited. Tourism Management, 1996, 17 : 475–479.

187.DENNIS R, SUSAN S. Fainstein. The tourism city. New Haven : Yale University Press, 1999.

188.JUROWSKI C, UYSAL M, WILLIAMS D R. A theoretical analysis of host community resident reactions to tourism. Journal of Travel Research,1997, 36(2): 3–11.

189.JUROWSKY C, GURSOY D. Distance effects on residents' attitudes toward tourism. Annals of Tourism Research, 2004, 31 (2): 296–312.

190.KACHRA A. Reciprocity and knowledge transfer : the role of social and economic factors. UK : University of Western Ontario, 2002.

191.KALTENBORN B P, ANDERSEN O, NELLEMANN C, et al. Resident attitudes towards mountain second-home tourism development in Norway : the effects of environmental attitudes. Journal of Sustainable Tourism, 2008, 16 (6): 664-680.

192.KASARDA J D, JANOWITZ M. Community attachment in mass society.American Sociological Review, 1974, 39 (3): 328-339.

193.KENDALL K W, VAR T. The perceived impact of tourism : the state of the art. Vancouver : Simon Fraser University, 1984.

194.KEOGH B.Public participation in community tourism planning. Annals of Tourism Research, 1990, 17 : 449-465.

195.KEOGH B. Resident and recreationists' perceptions and attitudes with respect to tourism development. Journal of Applied Recreation Research, 1990, 15 (2): 71-83.

196.KIM S S, PETRICKB J F. Residents' perceptions on impact s of the fifa2002 world cup : the case of Seoul as a host city .Tourism Management, 2005, 26 : 25-38.

197.KIM Y J, HANCE M. The effect of knowledge management resource inputs on organizational effectiveness in the restaurant industry. Journal of Hospitality and Tourism Technology, 2010, 1 (2): 174-189.

198.KING B, PIZAM A, MILMAN A. Social impacts of tourism : annals of analysis. London : Butterworth-Heinemann, 1993.

199.KLIMSTRA P D, POTTS J. What we' ve learned : managing R&D projects. Research-Technology Management, 1988, 31 (3): 23-39.

200.KLINE R B. Principles and practice of structural equation modeling.2nd ed. New York : Guilford Press, 2005 : 50-71.

201.KLINE T J B, SULSKY L M, REVER-MORIYAMA S D. Common method variance and specification errors : a practical approach to detection. Journal of Psychology, 2000, 134 (4): 401-421.

202.KNEAFSEY M. Rural cultural economy—tourism and social relations. Annals of Tourism Research, 2001, 28 (3): 762-783.

203.KNEZ M, CAMERER C. Creating expectational assets in the laboratory : coordination in weakest-link games. Strategic Management Journal, 1994,15(8): 101–119.

204.KO D W, STEWART W P. A structural equation model of residents' attitudes for tourism development. Tourism Management, 2002, 23 (5): 521–530.

205.KOENEN J, CHON K S, CHRISTIANSON D. Effects of tourism growth on air quality : the case of Las Vegas. Journal of Sustainable Tourism, 1995, 3(3): 135–142.

206.KOGUT B, ZANDER U. Knowledge of the firm, combinative capabilities and the replication of technology. Organization Science, 1992, 3 : 383–397.

207.KOKA B R, PRESCOTT J E. Strategic alliances as social capital : a multidimensional view. Strategic Management Journal, 2002, 23 (9): 795–816.

208.KOUSIS M. Tourism and the family in a rural cretan community. Annals of Tourism Research, 1989, 16 : 318–333.

209.KRACKHARDT D. Assessing the political landscape : structure, cognition and power in organizations.Administrative Science Quarterly, 1990, 35 : 342 –369.

210.KRACKHARDT D. The strength of strong ties : the importance of philos in organizations. Networks & Organization Structure Form & Action, 1992 , 1 : 216–239.

211.KRAUSE D R, HANDFIELD R B, TYLER B B. The relationships between supplier development, commitment, social capital accumulation and performance improvement. Journal of Operations Management, 2007, 25(2): 528–545.

212.KUMAR N. The power of trust in manufacturer-retailer relationships. Harvard Business Review, 1996, 74 : 92–105.

213.KWAN F V C, MCCARTNEY G. Mapping resident perceptions of gaming impacts. Journal of Travel Research, 2005, 44 : 177–187.

214.LABONTE R, LAVERACK G. Capacity building in health promotion, part 1 : for whom? And for what purpose? Critical Public Health, 2001, 11 (2): 111–127.

215.LABONTE R, LAVERACK G. Capacity building in health promotion, part 2 : whose use? And with what measure? Critical Public Health, 2001, 11 (2): 129–

138.

216.LANE P J, SALK J E, LYLES M A. Absorptive capacity, learning and performance in international joint ventures. Strategic Management Journal, 2001, 22(12): 1139–1161.

217.LANE P J, LUBATKIN M. Relative absorptive capacity and interorganisational learning. Strategic Management Journal, 1998, 19 : 461–477.

218.LANKFORD S V, HOWARD D R.Developing a tourism impact attitude scale. Annals of Tourism Research, 1994, 21 (1): 121–139.

219.LATKOVA P, VOGT C A. Residents' attitudes toward existing and future tourism development in rural communities. Journal of Travel Research, 2012, 51 (1): 50–67.

220.LAVERACK G. Evaluating community capacity. Visual representation and interpretation. Community Development Journal, 2006, 41 (3): 266–276.

221.LAWSON R W, WILLIAMS J, YOUNG T, et al. A comparison of residents' attitudes towards tourism in 10 New Zealand destinations. Tourism Management, 1998, 19(3): 247–256.

222.LAZAROVA M, TAYLOR S. Boundaryless careers, social capital, and knowledge management : implications for organizational performance. Journal of Organizational Behavior, 2010, 30(1): 119–139.

223.LEE T H. Influence analysis of community resident support for sustainable tourism development. Tourism Management, 2013, 34 : 37–46.

224.LEPP A. Residents' attitudes towards tourism in Bigodi Village, Uganda. Tourism Management, 2007, 28 : 876–885.

225.LEVIN D Z, CROSS R. The strength of weak ties you can trust : the mediating role of trust in effective knowledge transfer. Management Science, 2004, 50 (11): 1477–1490.

226.LINDBERG K, JOHNSON R L. Modeling resident attitudes toward tourism. Annals of Tourism Research, 1997, 24(2): 402–424.

227.LINDELL M K, BRANDT C J. Climate quality and climate consensus as mediators of the relationship between organizational antecedents and outcomes. Journal of

Applied Psychology, 2000, 85（3）: 331-348.

228.LIU C, LIANG T. Knowledge sharing as social exchange : evidence from a meta-analysis. Pacific Asia Journal of the Association for Information Systems, 2011, 3（4）: 21-47.

229.LIU J C, SHELDON P J, VAR T. Residents perceptions of the environmental impacts of tourism. Annals of Tourism Research, 1987, 14 : 17-37.

230.LIU J C, VAR T. Resident attitudes toward tourism impacts in Hawaii .Annals of Tourism Research, 1986, 13（2）: 193-214.

231.LIVINGSTONE L P, NELSON D L, BARR S H. Person-environment fit and creativity : an examination of supply-value and demand-ability version of fit. Journal of Management, 1997, 23（2）: 119-146

232.LOCKE K. Rewriting the discovery of grounded theory after 25 years? Journal of Management Inquiry, 1996, 5（3）: 239-245.

233.LONG P T, PERDUE R R, ALLEN L R. Rural resident tourism perceptions and attitudes by community level of tourism. Journal of Travel Research, 1990, 28（3）: 3-9.

234.LOWE K B, KROECK K G, SIVASUBRAMANIAM N. Effectiveness correlates of transformational and transactional leadership : a met analytic review of the MLQ literature. Leadership Quarterly, 1996, 7 : 385-425.

235.LULOFF A E, BRIDGER J C, GRAEFE A R, et al. Assessing rural tourism efforts in the United States .Annals of Tourism Research, 1994, 21（1）: 46-64.

236.LUNDTORP S, WANHILL S. The resort lifecycle theory. Annals of Tourism Research, 2001, 28（4）: 947-964.

237.LYLES M A, SALK J E. Knowledge acquisition from foreign parents in international joint ventures. Journal of International Business Studies, 1996, 27 : 905-927.

238.MACBETH J. Planning in action : a report and reflections on sustainable tourism in the Ex-Shire of Omeo. //JENKINS J, HALLM C, KEARSLEY G.Tourism planning and policy in Australia and New Zealand : cases, issues and practice C .Australia Sydney : Irwin Publishers, 1997 : 145-152.

239.MADRIGAL R. Residents' perceptions and the role of government. Annals of

Tourism Research, 1994, 22（1）: 86–102.

240.MAIO G R, BELL D W, ESSES V M.Ambivalence in persuasion : the processing of messages about immigrant groups. Journal of Experimental Social Psychology, 1996, 32（6）: 513–536.

241.MAIO G R, ESSES V M, BELL D W. Examining conflict between components of attitudes : ambivalence and inconsistency are distinct constructs. Canadian Journal of Behavioural Science, 2000, 32（2）: 71–83.

242.MARTIN B, FRANCIS M, LAWRENCE A. Retirees' attitudes toward tourism : implications for sustainable development. Tourism Analysis, 1998, 3（1）: 43–51.

243.MASON P, CHEYNE J. Residents' attitudes to proposed development. Annals of Tourism Research, 2000, 27 : 391–411.

244.MAUDE A J, REST D J. The social and economic effects of farm tourism in the United Kingdom. Agricultural Administration, 1985, 20 : 85–99 .

245.MAYER R C, DAVIS J H, SCHOORMAN F D. An integration model of organizational trust. Academy of Management Review, 1995, 20 : 709–734.

246.MBAIWA J E. Changes on traditional livelihood activities and lifestyles caused by tourism development in the Okavango delta. Tourism Management, 2011, 32（5）: 1050–1060.

247.MCALLISTER D J. Affect and cognition-based trust as foundations for interpersonal cooperation in organizations. Academy of Management Journal, 1995, 38（1）: 24–59.

248.MCCAB E. Trust, reciprocity and social history. Games and Economic Behavior, 1995（10）: 122–142.

249.MCCOOL S F, MARTIN S R. Community attachment and attitudes toward tourism development. Journal of Travel Research, 1994, 32（3）: 29–34.

250.MCEVILY B, MARCUS A. Embedded ties and the acquisition of competitive capabilities. Strategic Management Journal, 2010, 26（11）: 1033–1055.

251.MCEVILY B, ZAHEER A, PERONNE V, et al. Trust as an organizing principle. Organization Science, 2003, 14 : 91–103.

252.MCFADYEN M A, CANNELLA A A. Social capital and knowledge creation : diminishing returns of the number and strength of exchange relationships. Academy of Management Journal, 2004, 47 (5): 735–746.

253.MCINTYRE G. Sustainable tourism development : guide for local planners. Tourism & the Environment Publication, 1993.

254.MCKEAN P. Economic dualism and cultural involution in Bali.//Host and guests : the anthropology of tourism.Oxford : Blackwell, 1978 : 93–108.

255.MENON T, PFEFFER J. Valuing internal vs external knowledge : explaining the preference for outsiders. Management Science, 2003, 49 (4): 497–514.

256.MEYER–ARENDT K J. Environmental aspects of resort cycle evolution, applicability of resort cycle models. // Paper presented at the annual meeting of the American Association of Geographers held in Toronto .1990.

257.MEYER–ARENDT K. The grand isle, louisiana resort cycle. Annals of Tourism Research, 1985 , 12 (3): 449–465.

258.MILMAN A, PIZAM A. Social impact of tourism on Central Florida. Annals of Tourism Research, 1988, 15 (2): 208–220.

259.MISZTAL B A. Trust in modern societies : the search for the bases of social order. Theory & Society, 1996, 8 (2): 235–236.

260.MITCHELL R, REID D. Community integration : island tourism in Peru. Annals of Tourism Research, 2001, 28 : 113–139.

261.MOLOTCH H. The city as growth machine. American Journal of Sociology, 1976, 82 (2): 309–332.

262.MORELLI V G, WEIJNEN M, VANBUEREN E, et al. Toward intelligently–sustainable cities. From intelligent and knowledge city programmes to the achievement of urban sustainability.Journal of Land Use, Mobility and Environment, 2013 (1) :74–86.

263.MORGAN G. Paradigms, metaphors, and puzzle solving in organization theory. Administrative Science Quarterly, 1980, 25 (1): 53–57.

264.MORGAN R M, HUNT S D. The commitment–trust theory of relationship marketing. Journal of Marketing, 1994, 58 : 20–38.

265.MOSCARDO G. Community capacity building : an emerging challenge for tourism development. // Building Community Capacity for Tourism Development. Oxford shire : CAB International, 2008 : 1–15.

266.MOSCARDO G. Peripheral tourism development : challenges, issues and success factors. Tourism Recreation Research, 2005, 30 (1): 27–44.

267.MUNAR A M. Social media strategies, destination management. Scandinavian Journal of Hospitality and Tourism, 2012, 12 (2): 101–120.

268.MUNDET L. The post–stagnation phase of the resort cycle. Annals of Tourism Research, 1998, 25(1): 85–111.

269.MURPHY P E. Community attitudes to tourism. Tourism Management, 1983, 2 : 189–195.

270.MURPHY P E. Tourism as a community industry : an ecological model of tourism development. Tourism Management, 1983, 4 (3): 180–193.

271.MURPHY P E. Tourism : a community approach. London : Methuen & Co. Ltd, 1985.

272.MURPHY P. Tourism : a community approach. London : Routledge, 1985.

273.NAHAPIET J, GHOSHAL S. Social capital, intellectual capital, and the organizational advantage. Academy of Management Review, 1998, 23 (2): 242–266.

274.NAM T, PARDO T A. Conceptualizing smart cities with dimensions of technology, people, and institutions. // Proceedings of the 12th Annual International Digital Government Research Conference : Digital Government Innovation in Challenging Times. College Park : 2011 : 282–291.

275.NAPIER T L, WRIGHT C J. Impact of rural development : case study of forced relocation. Journal of the Community Development Society, 1974, 5 : 107–115.

276.NARASIMHAN R, JAYARAM J. Causal linkages in supply chain management : an exploratory study of North American manufacturing firms. Decision Sciences, 1998, 29 (3): 579–605.

277.NEPAL S K. Residents' attitudes to tourism in Central British Columbia, Canada. Tourism Geographies, 2008, 10 (1): 42–65.

278.NICHOLAS L, THAPA B, KO Y. Residents' perspectives of a world heritage site : the Pitons management area, St. Lucia. Annals of Tourism Research, 2009,36(3): 390-412.

279.NICHOLAS N. Presidents of a world heritage site : the position management area. Annals of Tourism Research, 2009, 36(3): 390-412.

280.NILSSON P A. Staying on farms-an ideological background. Annals of Tourism Research, 2002, 29 (1): 7-24.

281.NOOTEBOOM B. Institutions and forms of coordination in innovation systems. Organization Studies, 2000, 21(5): 915-939.

282.NORDGREN L F, HARREVELD F V, PLIGT J V D. Ambivalence, discomfort, and motivated information processing. Journal of Experimental Social Psychology, 2006, 42(2): 252-258.

283.NORONHA R .Review of the sociological literature on tourism. New York : World Bank, 1976.

284.NUNKOO R, GURSOY D. Residents'support for tourism : an identity perspective. Annals of Tourism Research, 2012, 39(1): 243-268.

285.NUNKOO R, RAMKISSOON H. Developing a community support model for tourism. Annals of Tourism Research, 2011, 38(3): 964-988.

286.NUNKOO R, RAMKISSOON H. Modeling community support for a proposed integrated resort project. Journal of Sustainable Tourism, 2010, 18(2): 257-277.

287.NUNKOO R, RAMKISSOON H. Power, trust, social exchange and community support. Annals of Tourism Research, 2012, 39(2): 997-1023.

288.O' LEARY J T. Land use redefinition and the rural community : disruption of community leisure space. Journal of Leisure Research, 1976, 8 : 263-274.

289.OGLETHORPE M K. Tourism in Malta : a crisis of dependence. Leisure studies, 1984, 12 (3): 449-465.

290.OKSOTVA T. Transnational transfer of strategic organizational practices : a contextual perspective. Academy of Management Review, 1999, 24 (2): 308-324.

291.OPPERMANN M. Rural tourism in southern Germany .Annals of Tourism Research,

1996, 23（1）: 86-102.

292.ORGANIZATION W T. Rural tourism : a solution for employment, local development and environment.Israel, 1996.

293.OVIEDO-GARCI ´A M A, CASTELLANO-VERDUGO M, MARTI ´N-RUIZ D. Gaining residents' support for tourism and planning. International Journal of Tourism Research, 2008, 10（2）: 95-109.

294.PEARCE J A. Host community acceptance of foreign tourism. Annals of Tourism Research, 1980, 7（2）: 224-233.

295.PEARCE L P. From culture shock and culture arrogance to culture exchange : ideas towards sustainable socio-cultural tourism. Journal of Sustainable Tourism, 1996, 3 : 143-154.

296.PEARCE P L. Farm tourism in New Zealand : a social situation analysis .Annals of Tourism Research, 1990, 17（3）: 335-352.

297.PEARCE P L, MOSCARDO G, ROSS G F. Tourism community relationships. Oxford : Elsevier Science Ltd, 1996 : 259.

298.PERDUE R R, LONG P T, ALLEN L. Resident support for tourism development. Annals of Tourism Research, 1990, 17（4）: 586-599.

299.PERDUE R R, LONG P T, ALLEN L. Rural resident tourism perceptions and attitudes. Annals of Tourism Research, 1987, 14 : 586-599.

300.PERDUE R, LONG T, KANG Y S. Boomtown tourism and resident quality of life : the marketing of gaming to host community residents. Journal of Business Research, 1999, 44 : 165-177.

301.PETERS L, KARREN R J. An examination of the roles of trust and functional diversity on virtual team performance ratings. Group & Organization Management, 2009, 34（4）: 479-504.

302.PIROLAMERLO A, MANN L. The relationship between individual creativity and team creativity : aggregating across people and time. Journal of Organizational Behavior, 2004, 25（2）: 235-257.

303.PIZAM A. Does the tourism/hospitality industry possess the characteristics of knowledge-based industry? International Journal of Hospitality Management, 2007,

26（4）: 759–763.

304.PIZAM A. Tourist impacts : the social costs to the destination community as perceived by its residents. Journal of Travel Research, 1978, 16（4）: 8–12.

305.PIZAM A, MILMAN A. The social impacts of tourism. Tourism Recreation Research, 1986, 11 : 29–32.

306.PLOG S C. Why destination rise and fall in popularity, an update of a cornell quarterly classic. Cornell Hotel and Restaurant Administration Quarterly, 1974, 42（3）: 13–24.

307.PODSAKOFF P M, MACKENZIE S B, LEE J Y. Common method biases in behavioral research : a critical review of the literature and recommended remedies. Journal of Applied Psychology, 2003, 88 : 879–903.

308.PODSAKOFF P M, MACKENZIE S B, PAINE J B, et al. Organizational citizenship behavior : a critical review of the theoretical and empirical literature and suggestions for future research. Journal of Management, 2000, 26 : 513–563.

309.PODSAKOFF P M, MACKENZIE S B, LEE J Y, et al. Common method biased in behavioral research : a critical review of the literature and recommended remedies. Journal of Applied Psychology, 2003, 88（5）: 879–903.

310.POLANYI M. The tacit dimensions. New York : The Free Press, 1966.

311.PORTES A. Social capital : its origins and applications in modern sociology. Annual Review of Sociology, 1998, 24（1）: 1–24.

312.POWELL W W, KOPUT K W, SMITH–DOERR L. Interorganizational collaboration and the locus of innovation : networks of learning in biotechnology. Administrative Science Quarterly, 1996, 41 : 116–145.

313.PRESENZA A, MICERA R, SPLENDIANI S, et al. Stakeholder e–involvement and participatory tourism planning : analysis of an Italian case study. International Journal of Knowledge–Based Development, 2014, 5（3）: 311–328.

314.PRETTY J, SMITH D. Social capital in biodiversity conservation and management. Conservation Biology, 2004, 18（3）: 631–638.

315.PRETTY J, WARD H. Social capital and the environment. World Development, 2001, 29（2）: 209–227.

316. PRIDEAUX B, TIMOTHY D J, CHON K. Cultural and heritage tourism in asia and the pacific. London : Routledge, 2008 : 118-133.

317. PURDUE D. Neighborhood governance : leadership, trust and social capital. Urban Studies, 2001, 38（12）: 2211-2224.

318. PUTMAN R. Bowling alone : America's declining social capital. Journal of Democracy, 1995, 6 : 65-78.

319. PUTNAM R D. The prosperous community : social capital and public life. American Prospect, 1993, 13（13）: 35-42.

320. PUTZEL S .Farm holidays : combining agriculture and recreation .Agrologist, 1984, 13 : 20-21 .

321. RABIN M. Incorporating fairness into game theory and economics. American Economic Review, 1993, 83（5）: 1281-1302.

322. RAMKISSOON H, WEILER B, SMITH L D G. Place attachment and pro-environmental behaviour in national parks : the development of a conceptual framework. Journal of Sustainable Tourism, 2012, 20 : 257-276.

323. REAGANS R, MCEVILY B. Network structure and knowledge transfer : the effects of cohesion and range. Administrative Science Quarterly, 2003, 48（2）: 240-267.

324. REISINGER Y, TURNER L W. Cross-cultural behaviour in tourism : concepts and analysis. Tourism & Hospitality Research, 2003, 5（4）: 372-373.

325. RITCHIE J R B. Consensus policy formulation in tourism.Tourism Management, 1988, 9（3）: 199-216.

326. RODRÍGUEZ A R. Determining factor in entry choice for international expansion : the case of the Spanish hotel industry. Tourism Management, 2002, 23 : 597-607.

327. ROJEK D G, CLEMENTE F, SUMMERS G F. Community satisfaction : a study of contentment with local services.Rural Sociology, 1975, 40 : 177-192 .

328. ROSS G F. Resident perceptions of the impact of tourism on an australian city. Journal of Travel Research, 1992, 30（3）: 13-17.

329. ROSS S, WALL G. Evaluating ecotourism : the case of North Sulawesi, Indonesia. Tourism Management, 1999, 20（6）: 673-682.

330. ROTHENBUHLER E W, MULLEN L J, DELAURELL R, et al. Communication,

community attachment, and involvement.Journalism and Mass Communication Quarterly, 1996, 73（2）:445-466.

331.ROTHMAN R A. Residents and transients : community reaction to seasonal visitors. Journal of Travel Research, 1978, 16（3）: 8-13.

332.ROUSSEAU D M, SITKIN S B, BURT R S, et al. Not so different after all : across-discipline view of trust .Academy of Management Review, 1998, 23（3）: 393-404.

333.RUSSELL R, FAULKNER B. Entrepreneurship, chaos and the tourism area life cycle. Annals of Tourism Research, 2004, 31（3）: 556-579.

334.RYAN C. Equity, management, power sharing and sustainability issues of the "new tourism". Tourism Management, 2002, 23（1）: 17-26.

335.RYAN C, JEFFCOAT M, JEFFCOAT S. Visitor and host perceptions of tourism on Niue. Pacific Tourism Review, 1998, 1（3）: 189-199.

336.RYAN C, ZHANG C, DENG Z. The impacts of tourism at a UNESCO heritage site in China- a need for a meta-narrative? The case of the Kaiping Diaolou. Journal of Sustainable Tourism, 2011, 19（6）: 747-765.

337.SAMPSON R J. Local friendship ties and community attachment in mass society : a multilevel systemic model. American Sociological Review, 1988, 53 : 766-779.

338.SANKOWSKA A. Relationships between organizational trust, knowledge transfer, knowledge creation, and firm' s innovativeness. The Learning Organization, 2013, 20（1）: 85-100.

339.SCHILLING M A, PHELPS C C. Interfirm collaboration networks : the impact of large-scale network structure on firm innovation.Management Science, 2007, 53（7）: 1113-1126.

340.SCHRADER S. Informal technology transfer between firms : cooperation through information trading. Research Policy, 1991, 20 : 153-170.

341.SCHULZ M. The uncertain relevance of newness : organizational learning and knowledge flows. Academy of Management Journal, 2001, 44 : 661-681.

342.SCHWAB D P. Construct validity in organizational behavior. Research in Organizational Behavior, 1980, 2 : 3-43.

343.SCOTT N, COOPER C, BAGGIO R. Destination networks : four Australian cases. Annals of Tourism Research, 2008, 35（1）: 169-188.

344.SCULLEN S E. Using confirmatory factor analysis of correlated uniquenesses to estimate method variance in multitrait-multimethod matrices. Organizational Research Methods, 1999, 2（3）: 275-292.

345.SEBELE L S. Community-based tourism ventures, benefits and challenges : khama rhino sanctuary trust, central district, botswana. Tourism Management, 2010, 31 : 136-146.

346.SHARPLEY R, SHARPLEY J. Rural tourism, an introduction. London : International Thomson Business Press, 1997.

347.SHAWA G, WILLIAMS A. Knowledge transfer and management in tourism organizations : an emerging research agenda. Tourism Management,2009, 3（30）: 325-335.

348.SIGALA M, MARINIDIS D. E-democracy and web2.0 : a framework enabling DMOs to engage stakeholders in collaborative destination management. Tourism Analysis, 2012, 17（2）: 105-120.

349.SIMMONS D G.Community participation in tourism planning. Tourism Management, 1994, 15 : 98-108.

350.SIMPSON K, BRETHERTON P. The impact of community attachment on host society attitudes and behaviors towards visitors. Tourism and Hospitality Planning & Development, 2009, 6（3）: 235-246.

351.SIMTH D M, KRANNICH S R. Tourism development and resident attitudes. Annals of Tourism Research, 1998, 25（4）: 783-802 .

352.SØRENSEN F. The geographies of social networks and innovation in tourism, Tourism Geographies, 2007, 9（1）: 22-48.

353.STANSFIELD C. Atlantic city and the resort cycle background to the legalization of gambling. Annals of Tourism Research, 1978, 5（2）: 238-251.

354.STEENSMA H K, LYLES M A. Explaining IJV survival in a transitional economy through social exchange and knowledge-based perspectives. Strategic Management Journal, 2000, 21 : 831-851.

355.STEM C J, LASSOIE J P, LEE R, et al. Community participation in ecotourism benefits : the link to conservation practices and perspectives. Society and Natural Resources : An International Journal, 2003, 16 (5): 387–413.

356.STEPHAN W G, STEPHAN C W. Intergroup relations. Boulder : Westview Press, 2001.

357.STINNER W F, VAN LOON M, CHUNG S W, et al. Community size, individual social position, and community attachment.Rural Sociology, 1990, 55 (4): 494–521.

358.STOKOLS D, SHUMAKER S A. People in places : a transactional view of settings. //Cognition, social behavior and the environment. Hillsdale : Erlbaum, 1981 : 441–488.

359.STRAPP J D. The resort cycle and second homes.Annals of Tourism Research, 1988, 15 (4): 504–516.

360.STRAUSS A L, CORBIN J. Basics of qualitative research : grounded theory procedures and research. New–bury Park(CA): Sage, 1990.

361.STRONZA A, GORDILLO J. Community views of ecotourism. Annals of Tourism Research, 2008, 35 (2): 448–468.

362.SZULANSKI G. Exploring internal stickiness : impediments to the transfer of best practice within the firm. Strategic Management Journal, 2015, 17(S2): 27–43.

363.SZULANSKI G. Exploring internal stickiness : impediments to the transfer of best practice within the firm. Strategic Management Journal, 1996, 2(17): 27–43.

364.TAYLOR M. Community, anarchy and liberty. Cambridge : Cambridge University Press, 1982.

365.TEECE D. Technology transfer by multinational firms : the resource cost of transferring technological know–how. Economic Journal, 1977, 87 (346): 242–261.

366.TEYE V, SÖNMEZ S F, SIRAKAYA E. Residents' attitudes toward tourism development .Annals of Tourism Research, 2002, 29 (3): 668 –688.

367.THOMAS R. Business elites, universities and knowledge transfer in tourism. Tourism Management, 2012, 33 (3): 553–561.

368. THOMASON P, CROMPTON J L. A study of the attitudes of impacted groups within a host community toward prolonged stay tourist visitors.Journal of Travel Research, 1979, 17（3）: 2-6.

369. THOMPSON M M, ZANNA M P. The conflicted individual : personality-based and domain-specific antecedents of ambivalent social attitudes. Journal of Personality, 1995, 63（2）: 259-288.

370. THORPE R, HOLT R, MACPHERSON A. Using knowledge within small and medium-sized firms : a systematic review of the evidence. International Journal of Management Reviews, 2005, 7（4）: 257-281.

371. TIMOTHY D. Participatory planning : a view of tourism in Indonesia. Annals of Tourism Research, 1999, 26 : 371-379.

372. TOOMAN L A. Applications of the lifecycle model in tourism. Annals of Tourism Research, 1997, 24 : 214-234.

373. TOSUN C. Host perceptions of impacts : a comparative tourism study. Annals of Tourism Research, 2002, 29 : 231-253.

374. TOSUN C. Roots of unsustainable tourism development at the local level : the case of Ürg ü p in Turkey. Tourism Management, 1998, 19 : 595-610.

375. TOVAR C, LOCKWOOD M. Social impacts of tourism : an australian regional case study. International Journal of Tourism Research, 2008, 10 : 365-378.

376. TSAI W, GHOSHAL S. Social capital and value creation : an empirical study of intrafirm networks. Academy of Management Journal, 1998, 41（4）: 464-476.

377. TSAI W. Knowledge transfer in intra-organizational networks : effects of network position and absorptive capacity on business unit innovation and performance. Academy of Management Journal, 2001, 44 : 996-1004.

378. TSUNGHUNG L. Influence analysis of community resident support for sustainable tourism development. Tourism Management, 2013, 34（2）: 37-46.

379. UM S, CROMPTON J. Measuring resident's attachment levels in a host community. Journal of Travel Research, 1987, 26（2）: 27-29.

380. United States Travel and Tourism Administration .Rural tourism handbook : selected case studies and development guide.Washington, D.C. : U.S Department

of Commerce，1995.

381.UNWIN T. Tourist development in Estonia：images，sustainability，and integrated rural development .Tourism Management，1996，17（4）：265–276.

382.UZZI B. Social structure and competition in interfirm networks：the paradox of embeddedness .Administrative Science Quarterly，1997，42（1）：35–67.

383.VALSANIA S E，MORIANO J A，MOLERO F. Authentic leadership and intrapreneurial behavior：cross–level analysis of the mediator effect of organizational identification and empowerment. Leadership & Organization Development Journal，2016，37（4）：487–506.

384.VAN DER DUIM R，PETERS K，WEARING S. Planning host and guest interactions：moving beyond the empty meeting ground in African Encounters. Current Issues in Tourism，2005，8（4）：286–305.

385.VAN MAANEN J. The fact of fiction in organizational ethnography. Administrative Science Quarterly，1979：539–550.

386.VAR T，KIM Y. Measurement and findings on the tourism impact. Unpublished manuscript, Department of Recreation，Park and Tourism Sciences，Texas A&M University，1989.

387.VARGAS–SA´NCHEZ A，PLAZA–MEJI´A A，PORRAS–BUENO N. Understanding residents' attitudes toward the development of industrial tourism in a former mining community. Journal of Travel Research，2009，47（3）：373–387.

388.VARGASSÁNCHEZ A，PORRASBUENO N，PLAZAMEJÍA M D L Á. Explaining residents' attitudes to tourism：is a universal model possible? Annals of Tourism Research，2011，38（2）：460–480.

389.VARGAS–SANCHEZ A，PLAZA–MEJIA M，PORRAS–BUENO N. Understanding residents' attitudes toward the development ofindustrial tourism in a former mining community. Journal of Travel Research，2009，47（3）：373–387.

390.VERKASOLO M，LAPPALAINEN P.A method of measuring the efficiency of the knowledge utilization process.IEEE Transactions on Engineering Management，1998，45（4）：414–423.

391.VOGT C A，KAH A，HUH C，et al. Sharing the heritage of Kodiak Island with tourists : views from the hosts. Asia Pacific Journal of Tourism Research, 2004, 9 (3) :239–254.

392. WAGNER J A, GOODING R Z. Shared influence and organizational behavior : a meta–analysis of situational variables expected to moderate participation–outcome relationships. Academy of Management Journal, 1987, 30 : 524–541.

393. WALL G. Rethinking impacts of tourism. Progress in Tourism and Hospitality Research, 1996, 2 (3/4): 207–215.

394. WALPOLE M J, GOODWIN H J. Local economic impacts of dragon tourism in Indonesia. Annals of Tourism Research, 2000, 27 (3): 559–576.

395. WANG S, FU Y, CECIL A K, et al. Residents' perceptions of cultural tourism and quality of life : a longitudinal approach. Tourism Today, 2006, 6 : 47–61.

396. WANG X, XI Y, XIE J. Organizational unlearning and knowledge transfer in cross–border M&A : the roles of routine and knowledge compatibility. Journal of Knowledge Management, 2017, 21 (6): 1580–1595.

397. WARD C, BERNO T. Beyond social exchange theory attitudes toward Tourists. Annals of Tourism Research, 2011, 38 (4): 1556–1569.

398. WEAVER B D, LAWTON J L. Resident perception in the urban–rural fringe. Annals of Tourism Research, 2001, 28 (3): 439–458 .

399. WEAVER D B.Grand Cayman Island and the resort cycle concept.Journal of Travel Research, 1993, 29 (2): 9–15.

400. WEAVER D, LAWTON L. Resident perceptions in the urban–rural fringe. Annals of Tourism Research, 2001, 28 : 349–458.

401. WEICK K K E, SUTTON R, STAW B. What theory is not? Administrative Science Quarterly, 1995, 40 (3): 371–384.

402. WILISON P F. Tourism in small island nations : a fragile dependence. Leisure Studies, 1987, 6 (2): 127 –146.

403. WILLIAMS A. A supply side examination of farm stay in Australia. Canberra : Bureau of Tourism Research, National Tourism and Hospitality Conference, 1995.

404. WILLIAMS D R, PATTERSON M E, ROGGENBUCK J W, et al. Beyond the commodity metaphor : examining emotional and symbolic attachment to place.

Leisure Sciences, 1992, 14 : 29–46.

405. WILLIAMS D R, MCDONALD C D, RIDEN C M, et al. Community attachment, regional identity and resident attitudes toward tourism.// Proceedings of the 26th Annual Travel and Tourism Research Association Conference, 1995 : 424–428.

406. WILLIAMS J, LAWSON R. Community issues and resident opinions of tourism. Annals of Tourism Research, 2001, 28 : 269–290.

407. WIRTH L. Urbanism as a way of life. American Journal of Sociology, 1938, 44 : 1–24.

408. World Tourism Organization.Rural tourism : a solution for employment. // Local development and environment.Madrid : WTO, 1997.

409. World Tourism Organization.Sustainable tourism development : guide for local planners. Madrid : WTO, 1993.

410. WUNDER S.Promoting forest conservation through ecotourism income? A case study from the ecuadorian amazon region. Indonesia : Center for International Forestry Research, 1999, 21 : 13–14.

411. YANG J T. Knowledge sharing : investigating appropriate leadership roles and collaborative culture. Tourism Management, 2007 (28): 530–543.

412. YIN R K. Case study research : design and methods. Sage Publications, 2009.

413. YLI–RENKO H, AUTIO E, SAPIENZA H J. Social capital, knowledge acquisition and knowledge exploitation in young technology–based firm. Strategic Management Journal, 2001, 22 (6): 587–613.

414. YOON Y, GURSOY D, CHEN J S. Validating a tourism development theory with structural equation modeling. Tourism Management, 2001, 22 (4): 363–372.

415. ZAHRA S A, NIELSEN A P, BOGNER W C. Corporate entrepreneurship, knowledge, and competence development. Entrepreneurship, Theory & Practice, 1999, 23 (3): 169–189.

416. ZAHRA S A, IRELAND R D, HITT M A. International expansion by new venture firms : international diversity mode of market entry, technological learning and performance. Academy of Management Journal, 2000, 43 : 925–950.

417. ZAMANI–FARAHANI H, MUSA G. The relationship between Islamic religiosity

and residents' perceptions of socio-cultural impacts of tourism in Iran : case studies of Sare' in and Masooleh. Tourism Management, 2012, 33（4）: 802-814.

418.ZAND D E. Trust and managerial problem solving. Administrative Science Quarterly, 1972, 17 : 229 -239.

419.保继刚, 楚义芳. 旅游地理学（修订版）. 北京: 高等教育出版社, 1999 : 106-113.

420.保继刚, 彭华. 旅游地拓展开发研究——以丹霞山阳元石景区为例. 地理科学, 1995, 15（1）: 63-70.

421.保继刚. 喀斯特洞穴旅游开发. 地理学报, 1995, 50（4）: 53-59.

422.保继刚. 主题公园发展的影响因素系统分析. 地理学报, 1997, 52（3）: 237-244.

423.查爱苹. 旅游地生命周期的深入探讨. 社会科学家, 2003（1）: 31-35.

424.陈建华. 规范农家乐发展打造农家乐品牌. 科学发展观与浙江旅游业论文集, 2005.

425.陈立敏, 王璇. 2000—2007 年知识转移理论研究综述, 情报科学, 2009（1）: 137-144.

426.陈巧云, 黄建宏. 海南乡村旅游发展阶段划分标准研究——基于利益相关者理论和旅游地生命周期理论. 河北旅游职业学院学报, 2016（3）: 6-10.

427.陈晓萍, 徐淑英, 樊景立. 组织与管理研究的实证方法. 北京: 北京大学出版社, 2008.

428.单伟, 张庆普. 企业内隐性知识流动的社会交换机制. 科学学与科学技术管理, 2009（5）: 90-94.

429.党红艳, 金媛媛. 旅游精准扶贫效应及其影响因素消解—基于山西省左权县的案例分析. 经济问题, 2017（6）: 108-113.

430.刁丽琳, 朱桂龙. 产学研合作中的契约维度、信任与知识转移——基于多案例的研究. 科学学研究, 2014, 32（6）: 890-901.

431.董小燕. 公共领域与城市社区自治. 北京: 社会科学文献出版社, 2010.

432.董小英. 知识优势的理论基础与战略选择. 北京大学学报（哲学社会科学版）, 2004（4）: 37-45.

433.董晓英. 知识管理的战略选择. 中国计算机用户, 2003（28）: 43-43.

434. 范莉娜, 李秋成. 社会资本、地方感对民族村寨旅游中居民支持态度的影响. 浙江大学学报（理学版）, 2016, 43（3）: 337-344.

435. 费娇娇. 农家乐空间区位选择研究——以浙江省安吉县为例. 金华: 浙江师范大学, 2013.

436. 高祥宇, 卫民堂, 李伟. 信任促进两人层次知识转移的机制的研究. 科学学研究, 2005, 23（3）: 394-400.

437. 郭捷楠, 任旭, 郝生跃. 领导力与知识转移关系研究述评及展望. 科技进步与对策, 2018, 35（4）: 153-160.

438. 何玲. 共趣休闲社区与社会资本提升研究. 杭州: 浙江工商大学, 2013.

439. 侯杰泰, 成子娟. 结构方程模型的应用及分析策略. 心理学探新, 1999, 19（1）: 54-59.

440. 胡中应. 社会资本视角下的乡村振兴战略研究. 经济问题, 2018（5）: 53-58.

441. 贾跃千, 周永广, 吴文静. 基于盈利模式与开发模式相匹配的乡村旅游开发研究——以黄山市乡村旅游国家示范区为例. 旅游论坛, 2009, 2（2）: 238-242.

442. 简世德, 张美荣, 冯丽莎. 社会资本视域下高校教师隐性知识共享的困境与突破. 社科纵横, 2018, 3（7）: 118-124.

443. 蒋文龙, 朱海洋. 乡村振兴看湖州——浙江省湖州市发展乡村旅游的启示. 农民日报（2017-12-07）.

444. 李秋成, 周玲强, 范莉娜. 社区人际关系、人地关系对居民旅游支持态度的影响: 基于两个民族旅游村寨样本的实证研究. 商业经济与管理, 2015（3）: 75-84.

445. 李志宏, 朱桃. 社会资本对个体间非正式知识转移影响的实证研究. 科学学与科学技术管理, 2009（9）: 77-84.

446. 廖世超. 旅游地生命周期的本质分析与应用. 商业时代, 2006, 18（6）: 81-82.

447. 林昭文, 张同健, 蒲勇健. 基于互惠动机的个体间隐性知识转移研究. 科研管理, 2008, 29（4）: 28-33.

448. 刘朝晖. 村落保护的空间规划与文化价值重构. 浙江大学学报（人文社科版）, 2017, 47（5）: 118-128.

449.刘传喜，唐代剑，常俊杰. 杭州乡村旅游产业集聚的时空演化与机理研究——基于社会资本视角. 农业经济问题，2015（6）：35-43.

450.刘荣. 基于产品生命周期理论的旅游产品结构优化研究——以焦作云台山为例. 地域研究与开发，2011，30（6）：111-115.

451.刘泽华，张捷，黄泰，等. 旅游地旅游产品生命周期复合模型初探——旅游地生命周期的一种机制假说. 南京师大学报（自然科学版），2003，26（3）：106-111.

452.陆林. 山岳型旅游地生命周期研究——安徽黄山、九华山实证分析. 地理科学，1997（1）：63-69.

453.路平，李波. 好山好水迎"沪"客. 湖州日报（2017-03-16）.

454.罗伯特•D•帕特南. 使民主运转起来：现代意大利的公民传统. 南昌：江西人民出版社，2001.

455.马庆国，徐青，廖振鹏，等. 知识转移的影响因素分析. 北京理工大学学报（社会科学版），2006，8（1）：40-43.

456.潘秋玲，李九全. 社区参与和旅游社区一体化研究. 人文地理，2002，17（4）：38-41.

457.彭雪蓉. 利益相关者环保导向、生态创新与企业绩效：组织合法性视角. 杭州：浙江大学，2014.

458.祁洪玲，刘继生，梅林，等. 旅游地生命周期理论争议再辨析——兼与张立生先生商榷. 地理与地理信息科学，2014，4（30）：78-82.

459.饶勇，何莽. 人力资本投资优先：西部民族地区旅游业转型发展的路径选择. 广西民族大学学报（哲学社会科学版），2012（1）：136-142.

460.日弗朗西斯•福山. 信任——社会道德与繁荣的创造. 李婉容，译. 内蒙古：远方出版社，1998.

461.邵晓兰，高峻. 旅游地生命周期研究现状和展望. 旅游学刊，2006，21（6）：76-82.

462.沈克. 基于旅游地生命周期理论的乡村旅游成长性研究——以信阳郝堂村为例. 信阳师范学院学报（自然科学版），2018，31（1）：68-72.

463.时少华. 社会资本、旅游参与意识对居民参与旅游的影响效应分析——以北京什刹海社区为例. 地域研究与开发，2015，34（3）：101-106.

464.时少华. 社会资本、旅游参与意识对居民参与旅游的影响效应分析——以北京什刹海社区为例. 地域研究与开发, 2015, 34（3）: 101-106.

465.孙晓娥. 深度访谈研究方法的实证论析. 西安交通大学学报（社会科学版）, 2012, 32（3）: 101-106.

466.唐炎华, 石金涛. 我国知识型员工知识转移的动机实证研究. 管理工程学报, 2007, 21（1）: 29-35.

467.滕尼斯. 共同体与社会. 林荣远, 译. 北京: 商务印书馆, 1999: 54.

468.王君, 樊治平. 一种基于 Multi-agent 的知识转移模型框架. 东北大学学报（自然科学版）, 2004, 24（1）: 94-97.

469.王茂强, 殷红梅, 王英, 等. 基于旅游生命周期理论的乡村旅游开发农村剩余劳动力转移分析——以贵州为例. 安徽农业科学, 2011, 39（35）: 54-57.

470.王三义, 刘新梅, 万威武. 社会资本关系维度对知识转移的影响路径研究. 科技进步与对策, 2007（9）: 84-87.

471.王素洁, 刘海英. 国外乡村旅游研究综述. 旅游科学, 2007, 21（2）: 61-68

472.王晓辉, 胡正明. 企业隐性知识及其转移研究. 山东社会科学, 2010（4）: 110-112.

473.王艳洁. 社会网络视角下的互惠预期与知识转移效果关系研究. 杭州: 浙江工业大学, 2014.

474.王永贵, 马双, 杨宏恩. 服务外包中创新能力的测量、提升与绩效影响研究——基于发包与承包双方知识转移视角的分析. 管理世界, 2015（6）: 85-98.

475.王长河. 基于社会交换理论的知识分享行为研究. 淮南师范学院学报, 2010, 12（2）: 44-46.

476.魏光兴, 蒲永健. 互惠动机与激励: 实验证据及其启示. 科技管理研究, 2007（3）: 254-256.

477.魏江, 王铜安. 个体、群组、组织间知识转移影响因素的实证研究. 科学学研究, 2006, 24（1）: 91-97.

478.温忠麟, 侯杰泰, 马什赫伯特. 结构方程模型检验: 拟合指数与卡方准则. 心理学报, 2004, 36（2）: 186-194.

479.文彤, 单樑. 旅游度假区飞地问题的规划解读——以佛山市南国桃园为例.旅游论坛，2011，4（1）：40-43.

480.吴军，夏建中.国外社会资本理论：历史脉络与前沿动态.学术界，2002（8）：67-76.

481.吴克昌.中国城市社区民主自治的理论与实践研究.北京：人民出版社，2009：32.

482.吴明隆.结构方程模型：AMOS 的操作与应用.重庆：重庆大学出版社，2010.

483.伍晓玲，周明.组织内部的知识转移及其困难研究.科学学与科学技术管理，2004，25（12）：68-71.

484.谢荷锋，水常青.个体间非正式知识转移研究述评.研究与发展管理，2006，18（4）：54-61

485.谢彦君.旅游地生命周期的控制与调解.旅游学刊，1995，10（2）：41-44.

486.熊红星，张璟，郑雪.方法影响结果？方法变异的本质、影响及控制.心理学探新，2013，33（3）：195-199.

487.徐海波，高祥宇.人际信任对知识转移的影响机制：一个整合的框架.南开管理评论，2006（5）：99-106.

488.许旭，路平.顾渚山下民宿热.湖州日报（2015-06-06）.

489.薛薇.SPSS 统计分析方法及应用.3 版.北京：电子工业出版社，2013.

490.阎友兵，蒋晟.旅游地生命周期衡量标准创新研究.湖南财经高等专科学校学报，2006，103（22）：56-59.

491.阎友兵.旅游地生命周期理论辨析.旅游学刊，2001，16（6）：31-33.

492.杨青松，钟毅平.矛盾态度心理机制的理论模型述评.心理科学，2011，34（5）：1157-1162.

493.杨效忠，陆林，张光生，等.旅游地生命周期与旅游产品结构演变关系初步研究——以普陀山为例.地理科学，2004，24（4）：500-505.

494.应舍法.淡季不淡的顾渚村农家乐.农家参谋，2013（4）：48-49.

495.游士兵，余艳琴.统计学.武汉：武汉大学出版社，2001.

496.余书炜."旅游地生命周期理论"综论——兼与杨森林商榷.旅游学刊，1997（1）：32-37.

497.张立生.旅游地生命周期理论的主要争议辨析.地理与地理信息科学，

2013, 29（1）: 100-104.

498. 张莉, 齐中英, 田也壮. 知识转移的影响因素及转移过程研究. 情报科学, 2005（11）: 1606-1609.

499. 张善峰, 卓丽环. 旅游地生命周期理论指导下的乡村旅游开发策略. 森林工程, 2008, 24（2）: 86-89.

500. 张伟明. 乡村视阈下社会资本的理论与经验研究. 杭州: 浙江大学, 2013.

501. 赵承华. 乡村旅游开发模式及其影响因素分析. 农业经济, 2012（1）: 13-15.

502. 赵曙明, 沈群红. 知识企业与知识管理. 南京: 南京大学出版社, 2000.

503. 郑群明, 钟林生. 参与式乡村旅游开发模式探讨. 旅游学刊, 2004, 19（4）: 33-37.

504. 郑天锋. 论我国城镇社区居民自治权实现的创新. 西北民族大学学报（哲学社会科学版）, 2017（6）: 168-173.

505. 周浩, 龙立荣. 共同方法偏差的统计检验与控制方法. 心理科学进展, 2004, 6: 942-950.

506. 周玲强, 黄祖辉. 我国乡村旅游可持续发展问题与对策研究. 经济地理, 2004, 24（4）: 572-576.

507. 周密, 赵文红, 姚小涛. 社会关系视角下的知识转移理论研究评述及展望. 科研管理, 2007, 28（3）: 78-85.

508. 朱赤红. 知识转移的艺术. 软件工程师, 2004（4）: 50-51.

509. 卓玛措, 蒋贵彦, 张小红, 等. 社会资本视角下青南高原藏区生态旅游发展的社区参与研究. 青海民族研究, 2012, 23（4）: 58-63.

510. 左美云. 企业信息化中的知识转移. 中国计算机用户, 2003（8）: 38-38.

附　录

附录1：访谈提纲

通过对文献梳理和理论回顾，本研究初步明确了研究问题和方向。围绕研究方向，我们特别拟定了以下访谈提纲，对研究的案例进行实地走访和调研，重点访谈了四个案例地内从事农家乐、民宿、旅游商品销售等乡村旅游业务的社区居民，为后续的理论研究提供了丰富的素材，充实了理论逻辑。访谈提纲的主要内容包括以下几个方面。

一、关于知识和知识转移的看法

1.您觉得您在经营农家乐的过程中，会不会主动学习一些知识？

2.这些知识从哪里获得？包括哪些方面的知识？

3.大家一起经营农家乐，彼此之间会交流、分享经验吗？

4.您平时的非正式社交活动（日常社交）主要有哪些？

5.您愿意在平时生活中转移您的知识或者新技能给其他居民吗？

6.其他居民愿意主动分享或者转移他的知识和经验给您吗？

7.村里或者社区有没有组织一起学习、交流活动？

8.村民彼此之间交流和分享有关旅游经营与开发相关的知识及信息，是否对您产生帮助？

二、关于影响知识转移的因素的看法

1.您愿意转移和分享自己的知识给对方，是基于怎样的考虑？

2.您担心您将知识转移给他，但是他可能不愿意转移给您吗？

3.您觉得在平时的交往或者知识转移或者分享活动中，信任重要吗？

4.您愿意跟别人一起合作共享客源和知识吗？

5.如果您不能从知识转移中获利，您还愿意向别人转移知识吗？

6.如果大家有一个共同目标，为了实现这个目标，您愿意与别人分享知识吗？

三、关于知识转移对居民旅游支持态度影响的看法

1.您觉得知识转移活动提高了您的经营能力和水平吗？

2.因为知识转移活动，您有没有在旅游经营某方面得到改进？能举个例子谈谈吗？

3.有没有令您印象特别深刻的知识转移和分享活动？

4.知识转移活动有没有让您对旅游的未来发展更有信心了？

5.平时旅游经营中，大家彼此之间愿意分享和转移知识，会促进您更加支持旅游发展吗？

6.总体来看，您觉得知识转移活动对您的旅游经营活动帮助大吗？

附录2：调查问卷

旅游目的地的社会资本、知识转移与居民旅游支持态度调查问卷

亲爱的朋友：

您好！

感谢您花费宝贵的时间填写本问卷！本研究旨在了解社区（乡村）居民关于社区内部社会资本和知识转移对居民旅游支持态度的影响情况。研究成果有助于理解在社区旅游发展过程中，当地居民关注社会资本和知识转移的作用，社区居民知识水平的提高对社区旅游的影响效应。所有的资料纯为学术研究需要，不涉及个人隐私，亦不会泄露任何信息。请根据您的真实认知和感受填写！谢谢您的配合！

特别需要指出的是，本研究的知识主要是以乡村旅游发展中社区居民的个人隐性知识为主，显性知识为辅。其中，隐性知识主要包括社区居民在旅游经营中积累的个人经验、想法和技巧等，以及社区居民通过互相学习和改造利用后的新知识与新技能，是非显性的、非理论化的知识；显性知识则主要包括社区居民了解和掌握的国家政策与文件精神以及地方性的法规及指导意见等信息类知识的总和。基于此，本研究的社区居民之间的知识转移主要是指在乡村旅游情境下，社区居民个人拥有的隐性知识和显性知识在社区居民之间的转移及分享活动。其中，这种知识转移活动往往以互相学习和交流的方式进行，也存在加以创新和改造以及再利用的过程。

此外，知识转移的效果主要体现在：有助于提升社区居民的专业能力、创新能力和知识水平，并改进社区居民的旅游经营方式和理念，实现旅游价值获得感的增加。因此，居民对这些知识以及知识转移的效果满意度普遍很高。

一、您觉得社区内居民之间的信任程度如何（请在相应数字上打√）

序号	项目	完全不同意—中立—完全同意						
IT1	我非常信任住在社区里的人	1	2	3	4	5	6	7
IT2	我能从社区其他人那里得到帮助	1	2	3	4	5	6	7
IT3	总体来说，我能相信社区里的其他人对我许下的承诺	1	2	3	4	5	6	7

二、您觉得乡村社区内居民之间互相帮助的情况如何（请在相应数字上打√）

序号	项目	完全不同意—中立—完全同意						
CR1	居民之间互惠合作让我学到了不少东西	1	2	3	4	5	6	7

序号	项　目	完全不同意—中立—完全同意						
CR2	居民合作方有我方所需的互补性知识和资源	1	2	3	4	5	6	7
CR3	居民之间合作双方忠实执行各自的承诺	1	2	3	4	5	6	7
CR4	居民之间合作各方对合作的人力和物力投入充分	1	2	3	4	5	6	7

三、您觉得乡村社区内居民之间对共同愿景理解和执行情况如何（请在相应数字上打√）

序号	项　目	完全不同意—中立—完全同意						
SV1	我们社区内的人愿意与别人分享相同的目标和愿景	1	2	3	4	5	6	7
SV2	共同愿景帮助居民有明确的努力目标和完善的工作制度	1	2	3	4	5	6	7
SV3	我们社区内的人对于追求集体目标和任务都有很大的热情	1	2	3	4	5	6	7

四、您对社区内居民之间的知识转移评价如何（请在相应数字上打√）

序号	项　目	完全不同意—中立—完全同意						
KT1	我们在知识转移中获得了很多重要的知识	1	2	3	4	5	6	7
KT2	社区内部知识转移提升了居民的专业知识水准	1	2	3	4	5	6	7
KT3	社区居民对社区内部知识转移的效果满意	1	2	3	4	5	6	7
KT4	社区内部知识转移提升了居民的创新能力	1	2	3	4	5	6	7

五、您对乡村社区旅游发展的态度如何（请在相应数字上打√）

序号	项　目	完全不同意—中立—完全同意						
SP1	我很支持社区积极发展旅游业	1	2	3	4	5	6	7
SP2	我很欢迎游客来本地旅游	1	2	3	4	5	6	7
SP3	旅游业是社区最重要的产业	1	2	3	4	5	6	7
SP4	发展旅游业是社区正确的发展方向	1	2	3	4	5	6	7

六、个人信息

1.您的性别：□男　□女

2.您的学历：□初中及以下　□高中　□大专　□本科　□研究生及以上

3.您的年龄：□17周岁及以下　□18~25周岁　□26~35周岁　□36~45周岁　□46~59周岁　□60周岁及以上

4.您的月收入：　□3000元及以下　□3001~5000元　□5001~8000元　□8001~10000元　□10001~15000元　□15001~20000元　□20001元及以上

问卷到此结束，再次感谢您的配合！！！

图书在版编目（CIP）数据

新时代乡村社区居民旅游支持态度提升机理研究 /周波，方微著． — 杭州 ：浙江大学出版社，2022.5
ISBN 978-7-308-22581-6

Ⅰ．①新… Ⅱ．①周… ②方… Ⅲ．①乡村旅游－旅游业发展－研究－中国 Ⅳ．①F592.3

中国版本图书馆CIP数据核字（2022）第079049号

新时代乡村社区居民旅游支持态度提升机理研究

周 波 方 微 著

责任编辑	金 蕾（jinlei1215@zju.edu.cn）	
责任校对	沈炜玲	
封面设计	雷建军	
出版发行	浙江大学出版社	
	（杭州市天目山路148号　　邮政编码　310007）	
	（网址：http://www.zjupress.com）	
排　　版	杭州林智广告有限公司	
印　　刷	浙江新华数码印务有限公司	
开　　本	710mm×1000mm　1/16	
印　　张	12.5	
字　　数	230千	
版 印 次	2022年5月第1版　2022年5月第1次印刷	
书　　号	ISBN 978-7-308-22581-6	
定　　价	78.00元	